시도하지 않으면 아무것도 할 수 없다

What I learned on the Way to the Top

시도하지 않으면
아무것도 할 수 없다

What I learned on the Way to the Top

지그지글러

이구용 옮김

큰나무

시도하지 않으면
아무것도 할 수 없다

초판 1쇄 인쇄 2018년 12월 5일
초판 6쇄 발행 2024년 11월 11일

지은이   지그 지글러
옮긴이   이구용
펴낸이   한익수
펴낸곳   도서출판 큰나무
등록   1993년 11월 30일(제5-396호)
주소   (10424)경기도 고양시 일산동구 호수로430길 13-4
전화   031 903 1845
팩스   031 903 1854
이메일   btreepub@naver.com
블로그   blog.naver.com/btreepub

값 15,000원
ISBN 978-89-7891-318-8 (03190)

이 도서의 국립중앙도서관 출판예정도서목록(CIP)은 서지정보유통지원시스템 홈페이지
(http://seoji.nl.go.kr)와국가자료공동목록시스템(http://www.nl.go.kr/kolisnet)에서
이용하실 수 있습니다. (CIP제어번호 : CIP2018036097)

이 책에는 정상으로 가는 길에 내가 깨달은
많은 교훈을 정리해 놓았다.
독자 여러분이 이 책에서 영감을 얻어
더욱 쉽게 성공의 사다리를 오르길 바란다.

성공의 지름길을 찾아라!

성공의 궁극적인 요지는 자신을 향해 있다. 진정한 성공의 8가지 분야인 행복과 건강, 재산, 정서적인 안정, 우정, 가정의 화목, 희망 그리고 일상적인 마음의 평화 중 어느 한 가지라도 충족되지 않은 인생을 진정한 성공이라고 할 수는 없다.

이 책은 성공으로 가는 다양한 이야기들과 도전해야 할 과제들로 꾸며졌다. 이 이야기와 도전은 삶에서 가장 중요한 것들로, 여러분에게 용기와 희망을 불어넣어 줄 것이다.

여기 실린 글들은 쉽게 읽히며 조용히 명상할 수 있다. 아침에 잠시 시간을 할애해 읽어도 좋고, 점심시간에 또는 하루를 정리하면서 잠자리에 들기 전에 읽어도 좋다. 하루에 단 몇 분만이라도 짬을 내 읽는다면 그 짧은 시간의 투자는 분명 땅에 떨어진 진실의 이삭을 줍는 기회로 당신에게 다가설 것이며 인생을 살아가는 동안 당신에게 힘이 될 것이다.

이 책에는 내가 직접 영감을 받아 쓴 글도 있고, 내 눈에 띈 다른 훌륭한 분들의 글도 인용했다. 이 글을 읽고 여러분도 많은 영감을 얻게 되리라 생각한다.

용기를 가져라! 도전하라! 성공하라!
그리고 계속해서 정상을 향해 나가라!

지그 지글러

Contents

What I Learned
on the Way to the Top

기억하라!
'공짜'치즈는 쥐덫 안에 있다는 것을

진정한 성공의 법칙은 많이 주고, 많이 베풀고,
많은 노력을 하는 것이다.

몇 년 전, 폴 하비는 땅이 꽁꽁 얼어
붙은 북극에 사는 에스키모인들이 어떻게 늑대를 잡는지를 이야기해 준
적이 있다. 그들은 면도칼처럼 날카로운 칼에 피를 흠뻑 묻힌 다음 칼을
얼려서 날카로운 칼날이 위쪽을 향하게 얼어붙은 땅속에 칼의 손잡이를
박아 놓으면 피 냄새를 맡은 늑대들이 와서 칼날을 핥는다. 얼어서 무감
각해진 늑대의 혓바닥은 어느새 날카로운 칼끝을 핥기 시작한다. 자신
의 피를 흘리기 시작한 늑대는 그 피에 끌려 더욱더 빠른 속도로 계속해
서 칼날을 핥는다.

죽음에 이를 때까지…….

폴 하비는 여러 유형의 예컨대 젊은이들이 마약과 알코올의 덫에 빠져
드는 과정을 설명했다. 마약과 알코올은 처음에는 사람들에게 쾌감을 느

시도하지 않으면 아무것도 할 수 없다

끼게 하지만 그 쾌감에 빠져들고 그렇게 시작된 쾌락의 탐닉은 서서히 그들의 감각마저 잃게 한다. 그리고 그럴수록 마약의 효력은 점점 더 떨어지게 되면 마침내 복용자는 더욱더 강도 높은 마약을 찾아 헤매게 된다.

결국 그들은 헤어날 수 없는 중독이라는 '낚싯바늘'에 꿰이게 된다.

흥미롭게도, 늑대와 마약 중독자 사이엔 공통적인 요소가 있다. 그들은 서로 다르지만, 같은 것을 원했다. 바꿔 말하자면, 노력은 적게 하면서 많은 것을 얻으려고 한다. 진정한 성공의 법칙은 '많이 주고, 많이 베풀고, 많이 노력하는 것'이다. 그러면 그에 대한 보답으로 더욱 많은 보상을 받게 된다.

시도하지 않으면 아무것도 할 수 없다

재능이 존재하느냐 아니냐는 당신 자신에게 달려 있다.
해결책은 지금 바로 그것을 실행해 보는 것이다.

대부분 사람은 재능을 부정하는 것이
오히려 편하다고 생각하지만, 자신의 재능을 계발하지 못 하는 첫 번째 이
유가 바로 '부정'하기 때문이다. 자기 자신의 재능을 부정한다면 정말 자신
은 더는 보여줄 것이 없다고 다른 사람들을 설득할 수도 있을 것이다.

자신의 재능을 계발하지 않는 두 번째 이유는 '망설임' 때문이다. 사람
들은 존재하지도 않는 미래의 '언젠가 섬'에서나 그 재능들을 보여줄 것이
이다. 그들에게는 내일이란 자신의 재능을 보여줄 기회를 회피하려는 가
장 큰 핑곗거리다.

사람들이 자신의 재능을 계발하지 않는 세 번째 이유는 '두려움'이라고
나는 생각하기 때문이다. 많은 사람은 실패해 보는 게 얼마나 중요한지
를 모른다. 사람들 대부분이 그렇다. 그래서 사람들은 무엇이든 '안전하

게'만 하려고 한다. 안전하지 않다고 생각하는 것은 절대 하려고 들지도 않는다.

사람들이 재능을 계발하지 않는 네 번째 이유는 '무책임감' 때문이다. 사람들은 자신의 실패를 자신의 잘못이 아닌 다른 것, 혹은 다른 사람들의 탓으로 돌리는 데 익숙해서 그렇게 생각하는 것이 편하다고 생각한다.

당신이 앞으로 듣게 될 가장 슬픈 말 중에는 이런 것이 있을 수 있다.

"그때 그렇게 했었더라면……."

강연자 비키 히츠게스 씨는 자신의 재능을 마음껏 발휘하지 못한 사람들에게 이렇게 되묻곤 한다.

"당신은 '그때 그렇게 했으면 좋았을 것을…….' 혹은 '그때 그렇게만 했다면 지금 더없이 기쁠 텐데…….'라고 말하면서 지나간 인생을 돌이켜 보겠는가?"

선택은 당신 자신에게 달렸다.

여가시간의 활용이 직장에서의 성공을 좌우한다

직장 밖에서 당신이 무엇을 하느냐는 당신이 그 직장에서 얼마나 오랫동안
일을 할 수 있냐와 매우 밀접한 연관이 있다. 당신은 1년에 몇 권의 책을 읽는가?
또 얼마나 자주 워크숍에 참여하는가?
일상적으로 대부분의 시간을 누구와 함께 보내는가?

수년간 나를 도와 일을 해오고 있는
로리매저스는 고등학교 교육과정도 제대로 마치지 못한 이력으로 우리
회사에 입사했다. 그러나 취업 길에 오르는 순간부터 그녀는 자신의 처
지를 명확히 이해하고 계속해서 교육을 받으며 공부하기로 결심했다.

그녀는 책을 많이 읽고, 어휘 공부 또한 열심히 했으며 정규 강좌를 듣
고 세미나에도 참석했다. 그녀는 벌써 몇 해 동안 꾸준히 그렇게 해 오고
있고 일 또한 열심히 하는 모범직원이다.

사내의 주요 사원들을 대상으로 개설한 교육 과정에서 로리가 석사 과
정 수준의 교육을 마친 사람들보다 평균 성적이 약간 더 높은 것으로 나
타났다(조지타운 대학 의대팀의 연구 조사결과에 따르면, 어휘력이 증진되면 IQ 또한 100%
증가했다고 한다). 직장과 직장 밖에서 끊임없이 교육에 매진한 로리는 회사

에서 안정된 위치를 확고히 차지했다. 이것은 회사로서도 매우 고무적인 징조였다.

투자는 생산을 결정한다. 성공한 이들의 전기를 읽어라! 그리고 다양한 워크숍과 세미나에 참석해라! 당신이 속한 회사의 리더들과 가깝게 지내라! 그런 작은 일들이 당신을 성공으로 이끌 것이다.

습관은 위대한 사람의 하인이자
모든 실패자의 주인이다

당신은 지금의 인생을 보다 향상시키고 싶다면 지금 당장 시작해야 한다. 자신 있게 그리고 당당하게!
– 윌리엄 제임스

나는 누구인가? 나는 당신의 영원한 동반자이다. 또한, 당신의 가장 훌륭한 조력자일 뿐만 아니라 가장 무거운 짐이 되기도 한다. 나는 당신을 성공으로 이끌기도 하고 실패의 나락으로 끌어 내리기도 한다. 나는 전적으로 당신이 하는 대로 그저 따라가지 만, 당신 행동의 90%가 내 의지에 따라 좌우된다. 나는 당신의 행동을 빠르고 정확하게 좌지우지할 수 있다. 나에겐 그것이 매우 쉬운 일이다. 당신이 어떻게 행동하는지 몇 번 보고 나면 나는 자동으로 그 일을 해낼 수 있다.

나는 위대한 사람들의 하인일 뿐만 아니라 실패한 모든 일의 주인이다. 나는 인공지능 기계처럼 정밀하지만, 그렇다고 해서 결코 기계는 아니다. 나를 당신의 이익에 따라 이용할 수도 있

시도하지 않으면 아무것도 할 수 없다

고, 당신의 실패에 따라 사용할 수도 있다. 그것은 나와는 아무 상관없지만, 마음껏 나를 착취하라! 나를 훈련시켜라! 그리고 나를 확실하게 당신의 것으로 만든다면 나는 당신의 발 앞에 이 세상의 모든 것을 가져다줄 것이다. 만일 당신이 날 가볍게 여긴다면, 난 당신을 파멸의 길로 이끌 것이다.

내가 누군지 알겠는가? 나는 습관이다.

—저자 미상

좋은 습관은 확고하고 강력하게 자신의 것으로 만들어야만 한다.

당신이 지금 어떻게 행동하겠다는 당신의 의지에 따른 모든 결정은, 아주 빠른 시일 내에 당신에게 어마어마한 결실을 가져다줄 것이다.

'이제 끝이야'라고 생각될 때 한번 부딪혀 봐라

노력해라. 그것이 이치를 따져 분석하는 것보다 우리의 꿈에
더 가까이 다가가도록 해줄 것이다.

1926년 8월 6일, 거트루드 이덜은 영국해협을 헤엄쳐 건넌 최초의 여성이었다. 그녀가 헤엄친 시간은 14시간 31분으로, 찰스 토프가 세운 종전 기록을 2시간 23분이나 단축했다.

여기서 우리는 거트루드 이덜에게서 어떤 교훈을 배울 수 있을까?

인간이 보여줄 수 있는 최고의 인내와 노력의 현장에서 참가자의 옆에서 함께하는 사람들은 대부분 시간 동안 참가자에게 혼신의 힘을 다하라고 말하면서 이런저런 격려와 충고를 하며 같이 긴장한 채 성공을 기원한다. 그러나 거트루드 이덜의 경우는 달랐다. 당시 그녀를 따랐던 사람들은 그녀의 아버지, 언니, 신문사 기자, 사진기자, 그리고 그녀의 훈련을 담당했던 윌리엄 버제스였

다. 윌리엄 버제스는 18번의 실패 끝에 마침내 영국해협을 정복했다. 그들은 한결같이 그녀의 옆에서 그만 포기할 것을 권유했다.

그녀는 11시간 동안의 걸친 체력 소모에 체온은 급격히 떨어졌고, 지칠 대로 지친 몸은 아프기 시작했다. 그러나 그녀는 결코 한마디의 불평조차 없었고, 심지어는 망설이는 기미조차도 전혀 보이지 않았다.

목표 지점을 5킬로쯤 앞둔 지점에서 나타난 영국해협의 거친 물살은 그녀를 더욱 힘들게 했다. 그러자 그녀의 아버지와 훈련 코치는 그녀에게 중단할 것을 다시 한 번 간곡히 권유했다.

그녀의 작은 메아리 같은 대답이 흘러나왔다.

"중단하라고요? 왜죠?"

거트루드 이덜은 마침내 비틀거리는 모습으로 해안가에 상륙했다. 그러고는 역사 속으로 사라졌다.

옛말에 '일이 힘들어질수록 강해진다'라는 말이 있다. 거트루드 이덜은 자신의 업적을 통해 진정으로 우리 모두에게 중요한 교훈을 주었다.

성공의 지름길은
자신의 마음을 다스리는 데 있다

올바른 마음가짐을 유지하는 것보다 올바른 마음가짐을 회복하는 것이 더 쉽다.

우리의 삶에는 다섯 가지의 마음가짐이 있다. 첫 번째는 '자부심'이다.

자부심이란 자기 자신을 어떻게 생각하는지를 자기 자신에게 가치를 부여해야만 가질 수 있는 마음가짐이다. 이것은 바로 당신의 삶에 긍정적인 영향을 준다.

두 번째 마음가짐은 '사랑'이다.

사랑이란 다른 사람을 향한 당신의 마음가짐이다. 사랑⋯⋯. 진정한 사랑은 어떻게 하는 것이 다른 사람을 위해 가장 잘하는 무엇인지를 늘 생각하게 하는 마음가짐이다.

세 번째 마음가짐은 '믿음'이다.

믿음이란 신을 향한 마음가짐이다. 이 믿음은 동료나 가족 구성원들을 향한 당신의 마음가짐에 영향을 줍니다.

네 번째 마음가짐은 '소망'이다.

소망이란 미래를 향한 마음가짐이다. 정신과 전문의인 알프레드 애들러는 "소망은 모든 변화의 근본이 되며, 훌륭한 촉매제다. 그 소망은 사람들을 자발적으로 활동하게 한다. 그리고 소망은 어떤 좋은 일이 일어나리라는 현실적인 기대감이다"라고 말했다.

다섯 번째 마음가짐은 '용서'다.

용서란 과거와 깊은 관련이 있다. 어떤 잘못된 행동을 한 다른 사람을 용서하는 당신의 능력은 당신의 미래에도 영향을 준다. 과거 당신에게 아픔을 준 사람을 용서하지 않는다면, 당신의 미래까지 부정적인 영향을 받게 된다. 용서야말로 가장 현명한 선택이다.

당신의 인생에서 적어도 이 다섯 가지 마음가짐만 간직한다면, 당신은 누구보다도 쉽게 정상에 오를 것이다!

신문사에 우리 삶을
변화시킨 일을 써 투고해 봐라

당신이 신에게로 돌아서면, 신이 늘 당신을 지켜보고 있었음을 알게 될 것이다.

최근의 조사에 따르면, 미국인의 96%가 신을 믿는다고 하며, 그중 90%가 기도를 하고, 41%의 사람들은 적어도 1주일에 한 번은 종교 의식에 참여하는 것으로 나타났다. 이 수치는 1947년에 조사된 수치와 거의 일치하는 것으로 신을 믿는 수치만이 1% 정도 상승했을 뿐이다.

이 이야기는 미국인 중 약 1억 5백만 명이 매주 예배 의식에 참여한다는 것으로, 이것은 한 해 동안 메이저리그 야구 경기장과 NFL 풋볼 경기장, 그리고 NBA 농구 경기장을 찾는 사람을 모두 더한 것보다 많다. 운동경기의 세계에서 무슨 일이 있었는지를 전 세계의 모든 신문이 많은 지면을 할애해 떠들어대는데도 믿음의 세계에서 무슨 일이 있었는지를 작년 한 해 동안 단지 287가지의 중요한 이야기들만이 보도했을 뿐이다.

나 또한 열성적인 스포츠광이지만, 스포츠 경기장을 찾아 경기를 관람하는 사람 가운데 경기를 보고서 자신의 삶을 변화시킨 사람이 과연 얼마나 될까? 반대로, 종교 의식에 참여하는 사람 중 자신의 삶을 변화시킨 사람은 과연 얼마나 될까?

매주 종교 의식에 참여하는 사람 중 신문사 편집자에게 우리의 믿음에 더욱 '용기를 주는 한 통의 편지'라도 써 본 사람이 몇 명이나 되는지 궁금하다.

희망의 주사를 놓아라

질문 : 신체적으로 특수한 처지에 있는 선수들이
자신의 능력을 발휘하는 것처럼, 만일 우리 모두가 우리 자신의 능력을
그 정도로만 발휘한다면 세상에 어떤 일이 발생할까?

1997년 5월 3일 토요일, 나는 가족들과 함께 '장애인 올림픽'을 참관하게 되는 특혜를 받았다. 나의 손녀딸 엘리자베스는 육상 경기 두 종목에 출전해서 각각 은메달과 금메달을 목에 거는 영광을 누렸다. 그 아인 무척 기뻐했다.

개막식 행사는 많은 사람이 자리한 가운데 거행되었다. '국기에 경례'가 끝나고 이어 시범 팀의 화려한 공연이 진행되었다. 모든 관중은 그 장엄한 광경을 지켜보았다.

그러나 무엇보다도 가장 감동적이었던 광경은 개막식 퍼레이드 모습이었다. 정말로 많은 감정이 표출되었는데, 그중 가장 인상에 남았던 것은 많은 선수가 보여준 순수한 기쁨의 표정이었다. 그들은 웃고, 깡충깡충 뛰어올랐으며 서로 부둥켜 얼싸안고 기뻐 어쩔 줄 모르며 열광했다.

개막식 축하 연설할 때 대표자가 우리들에게 한 가지 상기시켜 주었다. 바로 불과 30년 전만 해도 '전문가'들은 정신적 지능이 발달하지 못한 사람은 올림픽 수준의 수영장에서 풀코스를 다 소화하지 못하리라, 아니 1킬로도 가지 못하리라고 믿었다는 이야기였다. 그러나 그때도 그는 절대 그렇게 생각하지 않는다고 말했다. 전문가들은 그 선수들의 '열정, 혹은 영혼의 힘'은 측정하지 못했다.

그날 그 경기를 참관했던 사람들에게 희망을 주었던 선수들을 기억하라!

그 자신이 희망으로 가득 차 있는 사람만이 다른 사람들에게 희망을 전해 줄 수 있다.

내 안의 유전을 개발하라

자신의 능력을 개발할 수 있는 유일한 존재는 바로 자기 자신뿐이다.
그것은 무서우리만큼 중요한 당신의 의무이다.

텍사스주의 보몬트 마을 근처에 사는
한 지주는 가족을 부양하려고 어쩔 수 없이 토지 일부를 팔아야만 했다.
그때 한 정유 회사가 그가 소유한 땅에 석유가 묻혀 있을 것 같으니 채굴
할 수 있게 허락해 준다면 로열티를 지불하겠다고 제안해 왔다. 땅주인
으로서는 손해 볼 것이 하나도 없어서 정유 회사의 제안을 받아들였는데
그 땅에서 유전이 발견되었다. 얼마나 많은 양의 석유가 쏟아져 나오는
지, 나무로 만든 유정탑이 휘어지며 부서질 정도였다. 정유 회사는 유전
개발을 끝내기도 전에 수십만 배럴의 석유를 퍼 올렸다.

이것은 단일 유전으로는 역사상 최고의 생산량을 기록한 유전이었다. 한
마디로 '노다지'를 발견한 것이다.

땅주인은 하루아침에 억만장자가 되었을까? 정말 그랬을까? 그에 관한

올바른 대답은 '아니다'다. 지주는 그 땅을 소유했을 때부터 이미 억만장자였다. 불행은 그가 그 사실을 모르고 그 땅을 이용할 줄 몰랐다는 것이다.

내 개인적인 생각인지는 모르겠지만, 우리 중에도 보이지는 않지만, 뛰어난 능력과 재능을 갖고 있는데도 그것을 인식하지 못하거나 이용하지 않는 사람이 분명히 있다.

나의 제안은 간단하다. 당신 자신을 알라는 것이다. 당신이 갖고 있는 것을 정확히 인식하고, 개발하고, 그리고 이용하라는 것이다.

누가 압니까, 그 속에 '노다지'가 숨겨져 있을지? 당신 자신의 능력이라는 땅을 드릴로 파고 개발한다고 해서 당신은 손해 볼 것이 하나도 없다.

진짜 누가 압니까, 그 속에서 무엇인가가 표면으로 솟구쳐 나올지?

책임을 자신의 것으로 받아들여라

훌륭한 부모는 아이를 위해 어떻게 해주는 것이
가장 좋은 것인지를 알고 행동한다.

오늘 아침, 나는 두 아들의 아버지가
토크쇼에 출연해서 진행자와 멋진 대화를 나누는 것을 들었다. 그는 지
난 두 달 동안 아홉 번이나 학교에 지각해서 근신을 받은 어린 두 아들에
관한 내용이었다.

즉시 가족회의가 소집되었고 그들은 합의된 계획에 따라 각자가(아빠도
포함해서) 맡은 바 책임을 다하기로 했다. 먼저 부모는 아이들에게 매일 아
침 정확히 7:30분까지 학교에 갈 준비를 다 끝마쳐야 한다고 설명했다.

만약 아이들이 등교할 준비가 되지 않으면 부모는 아이들이 입을 옷과
필요한 학습도구를 전부 쓸어 모아 차에 싣고 아이들을 태웠다. 학교에
도착하면 아이들이 신을 신었든 못 신었든 부모는 차에서 내려 아이들을
학교 안으로 데리고 들어가야만 했다.

부모들은 아이들을 일찍 깨워 그들이 아침을 먹고 옷 입을 시간을 충분히 주는 것을 자신들의 책임으로 받아들였다.

　이 일로 해서 아이들이 제 시간에 등교할 수 있도록 가족 모두가 책임을 다하는 것을 배웠고, 특히 이 두 아이가 더욱 그랬다.

　만일 그들이 학교에 지각하는 습관이나 그런 무책임한 행동을 묵인한 채 그냥 넘어갔다면, 그 아이들의 그릇된 행동 습관은 아예 굳어졌을 것이다.

　아이들의 습관적인 지각을 알렸던 선생님, 자신들의 책임을 인정했던 학부모, 그리고 그 두 소년, 그들 모두가 승리자로 기록할 것이다. 그것이 바로 인생에서 승리하는 접근법이다.

노력이 최상의 무기이다

우리는 보상받아야 하는 것보다 더 많은 것을 지불해야 한다고 생각한다.
그러나 가까운 미래에 지금 당장의 대가보다 그 이상을 반드시 보상받게 된다.

내가 잠시 식료품 가게에서 일했을 때, 길 건너 가게에서 일하는 한 청년을 알게 되었다. 그때는 경기가 좋지 않던 시절이라 상점들은 대부분 재정적 어려움 때문에 극히 제한된 물건들만 갖춰 놓았다. 그래서 손님이 찾는 물건이 없을 때 이웃에 있는 상점에 가서 물건을 빌려다 팔곤 했다.

찰리 스콧이 바로 그 길 건너 상점에서 일하는 청년의 이름이었다. 그는 항상 '뛰어다니는 사람'으로 통했다. 찰리 스콧이 자주 헐레벌떡 달려와 우리 가게 문을 벌컥 열고는 주인아저씨를 큰 소리로 부르곤 하던 모습이 지금도 생생하게 떠오른다.

"앤더슨 씨, 토마토 캔 여섯 개만 좀 빌려주세요."

그러면 앤더슨 씨는 항상 이렇게 대답했다.

"그럼, 어서 가져가게, 찰리. 어디 있는지 알지."

그러면 찰리는 말이 떨어지기가 무섭게 재빨리 그 물건이 있는 선반 쪽으로 달려가서 자기가 빌려 갈 물건들을 챙겨서는 계산대로 잽싸게 뛰어와 품목을 슬쩍 보여주면서 장부에다 적고 다시 쏜살같이 뛰어나가곤 했다.

어느 날, 나는 앤더슨 씨에게 찰리 스콧이 왜 그렇게 항상 동에 번쩍 서에 번쩍 뛰어다니는지 물었다. 앤더슨 씨는 찰리 스콧은 앞으로 더 많은 보수를 받으려고 그렇게 열심히 일한다고 대답했다. 그렇게 열심히 일하면 언젠가는 자신의 급여가 더 오르게 되리라 생각하고 있다고 말했다.

난 앤더슨 씨에게 그걸 어떻게 아느냐고 되물었다. 앤더슨 씨는 이렇게 대답했다.

"만일 누군가가 날 위해 그렇게 열심히 일한다면 나는 그에게 당장은 아니라도 언젠가는 꼭 보답할 것이기 때문이지."

인생의 스포트라이트는 항상 우리를 비추고 있다

천재를 보면 탄복하고, 부자를 보면 부러워하며, 권력 있는 자를 보면 두려워한다.
그러나 진정한 인격자에게게서는 믿음을 얻는다. – 아서 프리드먼

몇 년 전 일이다. 나는 실업계 고등학교에서 수백 명의 학생을 대상으로 강의를 했었다. 그때 내 강의에 학생들이 수업 초반, 1/3 정도가 주의 깊게 귀를 기울였지만, 나머지 2/3 정도의 학생들은 책을 읽거나 졸고 있었다.

그런데 내가 그 학교에서 강의한다는 이야기를 어디서 들었는지 그날 지역 텔레비전 방송국에서 강의 장면 몇 컷을 찍으려고 카메라 기자 한 명과 스태프 몇 명을 특파했다. 잠시 뒤 그들이 강의실 왼쪽으로 들어와 강단으로 올라와서는 내 뒤에서 수업을 듣고 있는 전 학생들의 모습을 촬영하기 시작했다.

바로 그때, 재미있는 현상이 벌어졌다. 정말 한 명도 빠짐없이 모든 학생이 갑자기 자세를 똑바로 하고선 대단한 집중력을 보이기 시작했

시도하지 않으면 아무것도 할 수 없다

다. 한 스포트라이트가 그들을 비췄다.

　인생의 스포트라이트는 언제나 다양한 형태로 우리를 비추고 있다. 우리가 규율을 지키는 한, 우리가 윤리 의식을 갖는 한, 그리고 책임감을 갖고 있는 한, 우리는 걱정할 게 아무것도 없다. 그런 것들을 놓치지 않고 마치 카메라가 우리를 향해 있으며, 우리 앞에 마이크가 항상 켜져 있다고 생각하고 삶을 지켜나가야 한다. 그러면 성실하고 정직하게 세상을 살아가게 될 것이다. 우리를 담은 사진은 인격을 담은 사진이 될 것이지, 결코 위선을 담은 모습은 아닐 것이다. 우리는 우리가 오늘 한 일을 내일 용서를 구할 필요도 없으며, 누구에게든 구차하게 변명할 필요도 없게 된다.

어린이에게 사랑은 마술과도 같다

우리의 인생에서 진정한 승리 중 하나는 아이들에게
훌륭한 부모가 되는 것이다.

한 젊은이가 징역 선고를 받게 되었
다. 재판장은 그 젊은이를 어렸을 때부터 잘 알고 있었고 그의 아버지가
유명한 법률학자였다는 것도 알고 있었다.

"자네는 자네의 아버지를 기억하는가?"라고 재판장이 물었다.

"아버지를 잘 기억하고 있습니다, 존경하는 재판장님."

그러자 재판장은 그 죄인의 양심을 다시 한 번 확인해 볼 생각에 한 가
지 질문을 더 했다.

"자네는 곧 징역 선고를 받게 될 걸세. 자네는 훌륭한 부친에 관한 나름
대로 기억이 있을 텐데, 그분에 관해서 가장 기억에 남는 것이 있다면 어
떤 것인가?"

"제가 조언을 들으려고 아버지가 계신 방으로 들어갔던 적이 있었습니

시도하지 않으면 아무것도 할 수 없다

다. 그때 아버지께서는 잠시 책에서 눈을 떼시고는 제게 눈길을 돌리셨습니다. 그러고는 다시 펜을 들어 뭔가를 계속 쓰시면서, '나가 놀아라, 얘야. 아빠 지금 바쁘단다!'라고 말씀하셨던 것이 기억에 남습니다. 그리고 또 한 번은 제가 같이 놀아 달라고 하자, 아버지께서는 '나가서 놀아라, 얘야. 아빠 지금 이 책을 마저 다 읽어야 한단다!'라고 말씀하셨던 게 기억납니다. 존경하는 재판장님, 재판장님께서는 제 부친을 훌륭한 법률가로 기억하고 계십니다. 그러나 저는 그분을 잃어버린 친구로 기억하고 있습니다."

재판장은 혼잣말로 중얼거리다가 이렇게 말했다.

"이럴 수가! 책은 다 읽었지만, 아들을 잃어버렸구나!"

한 가지 일에만 지나치다 싶을 정도로 몰두하는 사람의 인생은 많은 사람에게 존경은 받을 수 있다. 그러나 이상하게 들릴지 모르겠지만, 그런 사람의 생활은 게으르다.

그런 사람은 자신의 배우자와 효율적이고 능률적으로 대화하는 법을 남다른 노력을 기울여 배워야 하며, 그렇지 못할 때는 그 대가가 따른다. 또한 다소 지나칠 정도로 일에 몰두하는 사람들은 상대(이를테면, 어린이들)의 눈높이에 맞게 놀아주고, 협상하고, 대화하는 법을 배워야 한다.

실패는 인생의 위대한 스승이지, 장의사가 아니다

실패를 두려워해 발목을 잡혀서는 안 된다. 돌부리에 채여
넘어졌다면 다시 일어나 걸어가야 한다.

작은 흥분, 작은 실수, 작은 실패는 우리의 근본적인 신념을 위태롭게 하지도, 우리 삶을 변화시키지도 않는다. 그것들은 단지 이따금 우리를 스쳐 지나는 것들에 불과하다. 이런 것들에 발목이 잡혀서는 안 된다. 그러나 우리는 가끔 작은 사건을 너무 오랜 기간 방치해 둬 그 자체의 의미를 넘어 커다란 문제로 악화되도록 만든다.

당신이 이런 상황에 사로잡혀 있다고 생각해 보라. 지금 그리 침체에 빠져 있지 않다고 해도 그리 상쾌한 기분은 아닐 것이다. 당신은 이 비생산적인 상황을 그만 벗어나고 싶을 만큼 불안하다고 느낄 것이다.

이런 상황에서 당신은 어떻게 하겠는가?

우선, 자신의 눈앞에 놓인 상황을 정확하게 분석해야 한다. 지금 이 상

황 때문에 의기소침해 있고 불편하다는 것을 인지해야 한다.

그 다음에는 거꾸로 생각해 보라. 이런 지독한 부정적 사고가 오래 지속되는 것은 아니며, 우리의 삶을 위협하는 것도 아니라는 것을, 그래서 그것은 그리 대수롭지 않다는 것을 깨달아야 한다. 이것은 곧 지나가는 찻잔 속의 폭풍일 뿐이다.

그러니 이런 불편한 상황에서 막연히 어떤 우연한 변화를 기다리고만 있지 말고, 그것들을 당신 스스로 해결하거나 매듭을 짓겠다는 마음의 결단을 내려야만 한다. 바로 당신이 처한 환경을 당신 스스로가 개선하겠다는 의지를 다시 한 번 확고히 해야 한다. 일단 이런 의지가 확고해지면 당신의 환경이 당신을 변화시킬 것이고, 당신은 이 작은 비극을 커다란 승리로 바꿔 놓을 것이다.

중요한 건 출발선이 아니라 도달 지점이다

당신이 어디서 시작하느냐 어디서 끝내느냐는 그다지 중요하지 않다.
인생의 마지막 순간, 당신은 어디에 서 있고 싶은가?

어린 시절 불우하고 가난했던 사람들은 자주 이렇게들 말하곤 한다.

"자넨 나의 과거를 이해하지 못할 걸세."

나는 그들에게 과거의 불행한 경험이 왜 중요하지 않은지를 설득하기보다 다른 사람들은 그것을 어떻게 받아들이는지를 말하고 싶다.

프랭클린 D. 루스벨트, 윈스턴 처칠 경, 클라라 바턴(미국 간호사, 1882년 미국 적십자사 창립자), 헬렌 켈러, 마하트마 간디, 테레사 수녀, 알버트 슈바이처 박사, 마틴 루터 킹 목사 등을 포함해서 세계적으로 위대한 지도자 3백 명을 분석해 본 결과, 그중 25%는 심각한 심리적 공황상태를 지녔고, 또한 그중 50%는 유년 시절에 학대를 받았거나 열악한 가정환경에서 성장했던 것으로 나타났다.

바로 그 세계의 지도자들은 자신들에게 어떤 일이 생겼을 때 부정적인 반응보다는 긍정적인 반응을 보였다고 한다.

기억하라! 중요한 것은 당신에게 무슨 일이 있었느냐가 아니라 그것을 어떻게 잘 처신했느냐는 말이다! 바로 그것이 당신의 인생에 또 다른 변화를 가져다줄 것이다.

닐 루덴스타인의 아버지는 교도소 경비원이었고, 그의 어머니는 식당에서 파트타임으로 일하는 종업원이었다. 닐 루덴스타인 박사, 그는 바로 하버드 대학의 26대 총장이다. 루덴스타인 박사는 실행과 보상 간에 직접적인 상호관계가 있다는 것을 아주 어린 나이에 배웠다고 한다.

루덴스타인과 3백 명의 세계 지도자는 어떤 일을 시작하는 데에, 그 시작 지점이 중요한 것이 아니라 마지막에 어디에 서 있느냐가 더 중요하다는 것을 일찍 깨달은 사람들이다.

부자의 비밀은 바로 이것이다

열심히 일한다. 불굴의 노력과 인내를 가진다.
무엇보다 자기 단련을 한다.

1년에 14만 2천 달러 이상을 버는 사람들과 부동산을 빼고 순수하게 50만 달러 이상을 가진 사람들에 관한 루이 해리스의 여론 조사에 따르면, 성공한 이들의 대부분은 침착하고 조심성이 있으며, 중년의 나이인 것으로 나타났다. 그들은 한결같이 가족의 소중함과 노동의 윤리성을 강조했다.

그중 83%는 정치적으로 온건한 성향을 띠었고, 언제나 중도(中道)를 걸었으며, 상대적으로 비물질주의자인 것으로 나타났다.

바꿔 말하자면, 그들의 목표는 돈을 뛰어넘은 그 이상의 것이다. 그중 85%는 자신들의 주요 목표가 가족 구성원들에게 책임감을 느끼게 해주는 것이라고 말했다. 단 11%만이 자신들이 목표하는 리스트에 값비싼 자동차를 포함시켰을 뿐이다. 성공이란 훈장은 가족이나 교육, 자신들의 사업, 혹은 일만큼 중요하지 않다. 수많은 순간의 쾌락이 아니라 한없는 행복의 순간을 소중히 여기는 것이 그들에겐 진정한 성공이자 훈장이다.

그들은 훌륭한 인생의 기준을 갖고 있었다. 아니, 더욱 중요한 것은 그들이 나름대로 탁월한 인생의 자질을 소유했다는 점이다. 인내, 노력, 자기 단련, 그리고 열심히 일하는 것. 그것들이 바로 그들을 성공할 수 있게 이끈 자질이다. 진정 그들은 균형 잡힌 삶을 사는 것이다.

상상력이야말로 우리가 가지고 있는 최대의 금광이다

자연의 천연 자원은 쓸수록 고갈되지만 인간의 천연 자원은 이용하지 않으면 고갈된다.

꼬마 자니는 한마디로 '권총'이다. 어느 금요일 오후, 그의 선생님이 수업 시간에 "여러분, 이번 주말에 특별한 일이 있는 사람은 그걸 잘 기억해 뒀다가 월요일 아침에 선생님께 발표하도록 해요."라고 말했다.

월요일 아침이 되었다. 꼬마 자니는 책상 앞에 앉아서 흥분한 모습으로 몸을 부르르 떨었다.

그러자 선생님이 "자니, 지난 주말에 뭔가 재미있는 일이 있었나 보구나."라고 물었다.

자니가 흥분한 어조로 대답했다.

"저는 아빠하고 낚시하러 가서 메기를 일흔다섯 마리나 잡았는데 그 물고기들의 무게가 자그마치 35킬로였어요."

그러자 선생님이 말했다.

"자니, 넌 지금 없었던 일을 꾸며서 말하는구나."

"아니에요, 선생님. 정말 사실이에요!"

"그럼, 자니. 만일 오늘 아침 선생님이 학교로 오는 도중에 갑자기 곰처럼 큰 개가 선생님 앞에 나타나서 물려고 하는데 어디선가 누런 작은 강아지가 달려와서는 그 큰 개에게 달려들어 큰 개의 코를 물어뜯고, 목을 부러뜨리고, 끝내 그 개를 죽였다고 말하면 너는 그 말을 믿을 수 있겠니?"

자니가 밝은 표정으로 대답했다.

"네, 선생님. 전 그럴 수 있다고 믿어요. 사실, 그 작은 개는 저희 개니까요!"

우리의 상상력은 여러 가지 문제를 푸는 데 창의적인 역할을 한다. 그래서 우리는 우리 아이들에게 인생을 살면서 자신의 창의적인 상상력을 발휘할 수 있게 용기를 줘야 한다.

진정한 사랑을 위한 일일 점검 리스트

사랑은 결혼을 위한 토대가 아니다. 결혼이 사랑을 위한 토대이다.
사랑받는 것은 이 세상에서 두 번째로 좋은 것이고
이 세상에서 가장 좋은 것은 누군가를 사랑하는 것이다.

스스로에게 이런 질문을 해보아라.

01. 오늘 난 나의 배우자에게 사랑한다는 말을 했는가?

02. 오늘 난 나의 배우자를 위해 사랑이 담긴 행동을 했는가?

03. 오늘 난 나의 배우자를 위해 인내심을 보였는가?

04. 오늘 난 나의 배우자에게 친절히 대했는가?

05. 오늘 난 나의 배우자를 시기하거나 샘내지 않았는가?

06. 오늘 난 나의 배우자에게 교만하거나 자만하지 않았는가?

07. 오늘 난 나의 배우자에게 이기적이거나 무례한 행동을 하지 않았는가?

08. 오늘 난 나의 배우자에게 내 방식만을 고집하지 않았는가?

시도하지 않으면 아무것도 할 수 없다

09. 오늘 난 나의 배우자에게 흥분하거나 과민하게 반응하지 않았는가?

10. 오늘 난 나의 배우자에게 미움을 품지는 않았는가?

11. 오늘 난 나의 배우자와 함께 승리에 찬 진실을 맛보며 기뻐했는가?

12. 오늘 난 나의 배우자에게 진정 충실하였는가?

13. 오늘 난 나의 배우자가 나에게 최고라는 것을 믿고 기대하였는가?

14. 오늘 난 나의 배우자를 위해 나의 힘을 최대한 발휘하였는가?

15. 오늘 난 나의 배우자에 대한 신의를 지켰는가?

16. 오늘 난 나의 배우자에게서 소망을 찾았는가?

17. 오늘 난 나의 배우자를 사랑하였는가?

18. 가장 위대한 힘이 사랑이라는 것을 나는 알고 있는가?

성공의 사다리를 올라라

성공의 사다리는 여느 사다리와 다른 바 없다.
어떤 사다리든 주머니에 손을 넣은 채 오를 수 있는 사람은 없다.

1997년, 미 아마추어 골프 챔피언십
의 최종 경기는 한 해 동안 벌어진 골프 경기 가운데 가장 흥분되고 극적
인 경기 중 하나였다. 최종 경기는 스티브 스콧과 타이거 우즈와의 일전
이었다.

18번 그린의 연장 마지막 홀, 동타를 이룬 가운데 스티브가 먼저 퍼팅
을 할 차례였다. 타이거의 공은 스티브의 퍼팅 라인 위에 놓여 있어서 타
이거는 자기 공이 원래 놓였던 자리에서 약간 떨어진 곳에 공의 위치를
표시하고 공을 치웠다. 스티브 스콧의 퍼팅. 아깝게도 공은 홀컵을 살짝
비켜 지나갔다.

이제 타이거의 차례다. 그는 조심스럽게 주위를 둘러보았다. 그리고는
가능한 모든 각도를 점검했다. 마침내 퍼팅할 위치로 가서 섰다. 바로 그

때, 스티브는 타이거가 본래 자기 공이 놓였었던 지점이 아니라 그곳에서 약간 떨어진 곳에 표시했던 것을 상기시켜 주었다. 그래서 타이거는 위치를 정정할 수 있었다. 이어진 그의 퍼팅에서 타이거의 공은 홀컵으로 빨려 들어갔다. '서든 데스.' 승리는 타이거 우즈에게로 돌아갔다.

스티브 스콧, 그는 분명 매우 훌륭한 본보기였다. 그가 만일 타이거 우즈에게 공의 정확한 위치를 상기시켜 주지 않고 타이거가 그대로 퍼팅을 했더라면, 타이거는 반칙으로 2타를 더 친 것으로 처리되었을 것이고, 그렇게 됐더라면 챔피언십 우승컵은 타이거 우즈가 아닌 스티브 스콧에게로 돌아갔을 것이다.

이것이 바로 진정한 승리자다. 그리고 이것이 바로 진정한 스포츠맨십이며, 인격을 갖춘 성실한 승리자다. 비록 스티브 스콧이 챔피언십 타이틀을 놓쳤지만, 그는 분명 승리보다 더 값진 그 이상의 승리자인 것이다. 그리고 전 세계 수백만 골퍼의 칭찬과 박수를 받은 또 한 명의 승리자다. 이것이야말로 우리의 행동에 진정한 본보기이다.

방향은 실제로 기회를 창조한다

인생이란 낯선 곳에서 목표라는 나침반이 없다면
우리는 아무 곳도 갈 수 없다.

어느 날, 한 여행객이 시골의 외딴 마을에서 자기가 길을 잘못 들어섰다는 사실을 알고 가던 길을 멈추고는 지나가던 그 마을 사람에게 말했다.

"여보세요, 절 좀 도와주십시오. 제가 그만 길을 잃었지 뭡니까."

그러자 마을 사람이 잠시 그를 쳐다보더니 이렇게 물었다.

"당신은 지금 여기가 어딘지 아십니까?"

"네. 이 마을로 들어설 때 이정표를 보았거든요."

여행자가 대답했다.

그러자 마을 사람이 고개를 끄덕이면서 다시 물었다.

"그러면 가시고자 하는 곳이 어딘지는 알고 계십니까?"

"네, 알고 있습니다."

"그렇다면 당신은 길을 잃은 게 아니군요. 당신에겐 지금 어느 쪽으로 가야 할지 그 방향만이 중요합니다."

우리 중 상당수는 그 여행객이 부딪친 상황과 비슷한 처지에 놓여 있다고 할 수 있다. 우리는 우리 자신이 지금 어디에 있는지를 알고 있을 뿐만 아니라 때로는 실망하고, 때로는 만족하지 못하며, 또 때로는 마음의 평화를 갖질 못한다. 그리고 우리는 자신이 어디로 가야하는지를, 무엇을 원하는지를 알고 있다. 평화가 있는 곳, 만족감을 느낄 수 있는 곳, 풍족한 삶을 누릴 수 있는 곳, 바로 그 여행자처럼 우리는 길을 잃은 것이 아니라 우리에게 정말 필요로 하는 것은 나아갈 방향뿐이다.

성공에 이르는 지름길을 발견하는 것은 그리 어려운 일이 아니지만, 지금 당신이 가고자 하는 이정표가 필요하듯 오늘 당신에겐 필요한 것은 오직 나아갈 방향뿐이다.

링컨 대학의 총장은 대학에 막 입학한 신입생들에게 이런 충고를 했다고 한다.

"여러분에게 계획이 없다면, 여러분의 인생은 계획대로 살 수가 없습니다!"

아이들은 배운 대로 행동한다

아이가 칭찬받고 자라면 감사하는 법을 배운다.
– 도로시 놀트

아이가 불평하며 자라면
비난하는 법을 배운다.

아이가 적대감을 갖고 자라면
폭력을 배운다.

아이가 두려움을 갖고 자라면
걱정하는 것을 배운다.

아이가 수치심을 갖고 자라면
죄책감을 배운다.

시도하지 않으면 아무것도 할 수 없다

아이가 용기를 갖고 자라면
자신감을 배운다.

아이가 칭찬받고 자라면
감사하는 법을 배운다.

아이가 정의감을 갖고 자라면
공정함을 배운다.

아이가 평온하게 자라면
성실함을 배운다.

아이가 인정받으며 자라면
신뢰감을 법을 배운다.

아이가 관용과 우정을 갖고 자라면
세상에서 사랑하는 법을 배운다.

— 도로시 놀트(천국으로 가는 시)

중요한 것은 어떤 일이 발생했느냐가 아니라 어떻게 극복하느냐이다

우리의 손 안에는 실패의 씨앗과 성공의 씨앗이 동시에 들어 있다.
어떤 씨를 심을 것인지는 오직 당신의 선택이다.

내가 알고 있는 사람 중에 찰리 웨데마이어는 정말 훌륭한 사람이다.

찰리는 로스 가토스 고등학교 풋볼팀 코치였다. 그 팀이 유일하게 눈에 띄는 성적은 주 챔피언십에서 단 한 번 우승한 것뿐이다.

나는 그의 팀 훈련 시간에 함께했던 그 날을 기억하고 있다. 찰리와 나는 운동장 한쪽에서 긴 대화를 나누었다. 그러는 동안 보조 코치 한 사람이 주기적으로 달려와서는 여러 가지 질문을 하곤 했다. 나와 함께 긴 대화를 계속해서 나누는 동안에도 찰리는 학생들의 훈련 모습을 열심히 지켜보고 아무 주저 없이 보조 코치에게 세부적인 지시를 내리곤 했다.

놀라운 것은 그가 움직일 수 있는 부분이라곤 두 눈과 입뿐이었다는 사실이다. 찰리 웨데마이어는 루게릭병으로 고생하고 있기 때문이다. 부인

루시가 그의 통역사 역할을 했다. 그녀는 찰리의 입술을 읽고 그의 메시지를 효과적으로 다른 사람들에게 전달했다.

찰리는 내가 본 사람 중에서 가장 훌륭한 마음가짐을 갖고 있었으며, 또한 뛰어난 유머 감각을 지닌 사람이다. 여행하는 것조차 힘든 상황이었지만, 그는 정기적으로 학교, 기업체, 교도소, 그리고 교회 등에서 강연을 했다. 그에겐 하고 싶은 말들이 있었고 그의 말은 빠짐없이 부인 루시를 통해 청중들에게 생생하게 전달했다. 그는 말을 할 수 없는데도 미국에서 유일하게 강연을 하는 사람이며 분명히 그들 부부는 서로의 소망과 사랑, 그리고 '불굴의 정신'에 관한 힘찬 메시지가 담긴 대화를 나누었다.

그들은 남다른 열정으로써 모든 어려움을 극복했다.

인생은 항상 선택이다

좋은 것에 나는 '아니오'라고 말해 왔다.
그래서 난 가장 좋은 것에 '예'라고 할 수 있다.

나는 셀프 식당인 카페테리아에서 식
사하는 것을 좋아한다. 특히 잘 준비되고 정돈된 카페테리아를 더 좋아
한다. 그런 곳은 서빙 라인에 줄을 서기 전에 미리 어떤 메뉴를 주문해야
할지를 한눈에 볼 수 있기 때문이다.

몇 년 전 아내와 나는 새로 생긴 카페테리아에 간 적이 있었다. 그곳에
는 어떤 메뉴를 주문해야 할지를 쉽게 살펴볼 수 있었다. 그래서 계산대
에 있는 사람에게 빨리 주문을 하고 바로 음식이 나오는 곳에 가서 줄을
설 수 있었다. 일단 주문하고 줄을 서면 아무리 다른 것을 원해도 주문한
메뉴만을 기다려야 했다. 다른 메뉴는 기대할 수가 없다.

나는 맛있어 보이고 내가 먹고 싶은 메뉴를 고르고 싶었다. 그건 먹고
싶은 메뉴가 많이 있더라도 주문하고 줄을 서지 않으면 아무것도 먹을 수

시도하지 않으면 아무것도 할 수 없다

없다는 이야기이다.

　인생의 카페테리아 줄과 주문한 음식을 기다리는 카페테리아 줄은 매우 유사한 점이 많다. 단순한 이야기지만, 줄처럼 우리는 무언가를 선택하지 않으면 인생을 살아가면서 우리는 이 넓디넓고 아름다운 세상에서 바라는 대로 될 수도 없고, 모든 것을 다 할 수도 없으며, 모든 것을 전부 가질 수도 없다.

　우리는 항상 무언가를 선택해야 하며, 그것은 우리의 인생에서 가장 중요한 행복, 건강, 평화, 재산, 안정, 우정, 가족, 그리고 희망이란 것에서 우리가 얼마만큼 성공적으로 살았는지를 결정적으로 가늠하는 기초가 된다.

　무엇을 선택하고, 무엇을 거절해야 할지는 어디까지나 당신에게 달렸다.

성공의 기본기는 바로 목표 설정이다

목표를 설정하고 그것을 관리해 가기 시작할 때, 당신의 시대는
이미 열리기 시작한 것이며 목표가 이루어지기 시작한 것이다.

목표를 위해 나름대로의 계획을 세우면 방향을 설정하고 그것의 달성을 위해 한층 더 매진할 수 있다. 당신의 목표가 현명한 판단 아래 분명하게 설정되면, 이미 당신의 좌뇌는 계획의 진행을 위한 중요한 첫 발걸음을 내디디고 그것은 자연스럽게 당신의 우뇌를 가장 창의적인 상황으로 이끈다.

기본기가 탄탄하기에 최고의 창의성을 마음대로 발휘하는 뛰어난 재능의 운동선수에 비유해 보자.

예컨대, 마이클 조던은 게임할 때마다 늘 예전과 다른 새로운 상황에서 수많은 순간을 접한다. 그는 기본기가 충실한 선수이기 때문에 자신의 탁월한 기술을 이용해 새로운 상황을 처리하는 데는 최고의 창의력을 발휘했다.

시도하지 않으면 아무것도 할 수 없다

우리 모두에게도 마이클 조던처럼 동일한 상황이 항상 벌어진다. 의사든, 학생이든, 그리고 당신이든, 나든, 우리 모두는 훈련이 잘 되어 있어야만 최고의 능력을 자유롭게 발휘할 수 있다.

우리가 근본적으로 건전한 도덕적, 윤리적 가치를 가지고 목표 달성에 전념하며, 어떤 문제가 발생했을 때 낙관적인 관점을 갖고 해결책을 찾으려고 능동적으로 대처했을 때, 우리는 우리의 창조적인 우뇌를 자유롭게 활용하게 된다.

1마일까진 힘들어도 1인치는 식은 죽 먹기이다

변화는 한 방울의 물방울이다. 그것들이 모여 시냇물을
이루고 강이 되어 마침내 바다가 된다.

여섯 살 제임스 보스틱은 학교에 가
는 것을 몹시 싫어해서 선생님도 싫어했고, 학업 성적 또한 형편없었다.
이 아이는 밤마다 악몽에 시달리며 소리를 지를 정도였다. 그러자 선생
님은 제임스를 위해 그의 어머니 로라와 정기적으로 상담을 했다.

그러는 사이에 제임스의 부모는 이혼하게 되었는데 로라는 계속해서
아들 제임스를 성공적으로 키우려고 특강까지 듣기 시작했다. 그녀는 제
임스의 학습 과정에서 모자라는 부분이 있음을 깨달았다. 그것은 정직과
열정, 그리고 긍정적인 사고와 존경심이었다. 일반적으로 이런 것들이
부족하면 누구도 성공할 수 없다

로라는 자기 아들에게 이런 것들의 의미를 가르치기 시작하는 한편 아
들 제임스의 자질을 개발시키려고 '나는 할 수 있다'라는 작은 모임에 들

어가 여러 가지 방법을 익혔다. 그녀는 제임스가 학교에 더 잘 적응할 수 있도록 발 벗고 나섰다.

그녀는 아들에게 친구들과 선생님에 관해 새롭게 알게 된 좋은 것들이 있으면 아무리 사소한 것이라도 이야기해 달라고 부탁했다.

한 해를 보내면서 제임스에게 서서히 변화가 일어나기 시작했다. 학교 성적이 꾸준히 오르더니, 어느새 성적이 상위권에 들기 시작했다. 제임스는 학급 과학 경시대회에서 처음으로 청색 리본상을 타게 되었다. 학교에 가기 싫다고 떼를 쓰던 어린 소년이 노력상의 수상자로 선발되고, '금주의 학생'이라는 영광스러운 상을 타기에까지 이르렀다.

그의 어머니가 그토록 노력한 보상을 받은 것이다.

자기 잘못을 깨달은 사람은
보상을 받는다

먼저 행주를 깨끗하게 빨고 난 후에야 식탁을 깨끗하게 닦을 수 있다.

코트 플린트는 그의 저서 〈너 자신에
게 충실해라!〉에서 한 여성 단체의 강연에 초청된 훌륭한 여인의 이야기
가 담겨 있다. 그 여인이 어떻게 행복한 인생을 유지하고 있는지 그 비결
을 공유하려는 것이다. 그녀는 한 부랑자 때문에 행복의 비결을 찾았다
고 말했다.

어느 날 그녀가 아침 설거지를 하고 있는데, 지나가던 한 부랑자가
뒷문을 두드리더니 쓰고 있던 모자를 정중히 벗으며 꾸벅 인사를 하고
는 어떤 일이든 해주고 아침을 얻어먹을 수 없겠느냐고 묻더라는 것이
나. 그러자 그녀는 쌀쌀맞은 어조로 그 부랑자에게 이렇게 말했다.

"난 당신 같은 부랑자를 상대로 더는 실랑이하고 싶지 않아요. 난 내 생

시도하지 않으면 아무것도 할 수 없다

활을 위해 당연히 내 일을 하는 것이고, 당신 일은 당신이 알아서 해야 하는 것 아니에요? 가지 않고 거기 계속 그렇게 있으면 남편을 부르겠어요.”

그녀의 말이 끝나기가 무섭게 그 부랑자의 말이 이어졌다.

“부인의 남편은 지금 댁에 계시지 않을 텐데요.”

이 말을 들은 그녀는 너무나도 놀란 나머지 되물었다고 한다.

“당신이 그걸 어떻게 알죠?”

“만일 댁의 남편이 지금 계시다면, 그건 몸이 불편해서일 겁니다. 몸이 불편하지 않다면, 그분은 부인과 함께 집에 계시지 않을걸요.”

그 유명한 ‘행복한’ 부인은 문을 닫아 버리곤, 하던 설거지를 더 이상 끝낼 수 없어 손을 놓고 식탁에 앉아 오전 내내 지난 일들을 떠올려 보았다고 했다. 전날 밤에 자기 남편에게 신경질을 부리며 친절하게 대해 주지 않았던 일 등등. 다음날, 그녀는 자신의 삶이 변화할 수 있게 도와 달라고 신에게 간절히 기도했다고 했다.

그녀는 그 뒤로 잘못된 점만 발견하는 사람에서 좋은 점만 보는 사람으로 자신을 변화시켰다고 했다. 보다 행복한 그녀의 결혼 생활, 그리고 보다 행복한 그녀의 인생은 바로 거기서 왔다고 했다.

기대가 사람을 키운다

기대가 커야 더 좋은 결과를 얻게 된다.
이것은 과학이나 수학, 독서, 축구, 심지어 밴드 활동에서도 나타나는 진실이다.
- 찰스 어데어

1900년대 초, 이탈리아의 엔지니어이자 경제학자이며 사회학자인 빌프레도 파레토는 '80대 20원칙'이라는 것을 연구 발표했다. 그것은 한 사업에서 20%의 아이템이 나머지 80%를 좌우한다는 것과 대략 20% 인구가 80%의 부를 좌지우지한다는 이론이었다.

그 뒤로, 다른 학자들은 이에 덧붙여 또 다른 주장들을 내세웠다. 그것은 '20% 노동 인력이 80%의 결과물을, 그리고 20%의 세일즈 인력이 80%의 판매를 한다는 것'이다.

그러나 대부분은 그것은 진실이 아니다.

1996년 지그 지글러 협회의 조사에 따르면, 20%의 세일즈맨이 해당 비즈니스에서 25%의 성과를 냈지만, 나머지 80%의 세일즈맨이 75% 성과를 달성했다고 한다. 한 가지 더 덧붙인다면, 가장 낮은 실적을 나타낸 세일즈맨은 가장 높은 실적을 보인 세일즈맨의 57%의 성과를 올린 것으로 나타났다.

이 조사는 생산성이 낮은 고용인 역시 회사에 꼭 필요한 존재라는 걸 입증했다. 그는 자기 고객들에게는 성실하게 서비스를 해야 할 뿐만 아니라, 자기 자신은 물론 회사를 위해서도 이익 창출을 위해 노력해야 한다. 우리는 다른 세일즈맨들처럼 그에게도 성실히 대해야 한다. 다시 말해서 그 역시 소중한 고용인이며, 최고의 인격체다.

모든 사람을 최고의 능력을 가진 사람으로 대우해야 한다. 그리고 그들을 소중하게 생각한다는 것과 그들에게 최선의 도움을 주려고 한다는 걸 심어 줘야 한다. 그러면 그들은 그 기대에 보답하고자 끊임없이 노력하며, 결과적으로 경이로운 성과물을 창출해 낼 것이다.

당신의 직업을 사랑하라

당신이 당신의 직업을 사랑할 때, 그 일을 통해 목표 있는 삶을
살게 될 것이며, 인생의 결실까지 얻게 될 것이다.

문제가 생기면 많은 사람은 단지 그 문제에만 빠져 그 속에 있는 기회는 보질 못한다.

두 남자가 감옥의 창살 안에서 밖을 내다보았다. 한 사람은 땅을 보고, 또 다른 사람은 하늘에 뜬 별을 바라보았다.

정확히 말해서 이것이 바로 사람들이 세상을 바라보는 두 시각이다.

고용인 대부분은 자신의 직업에 불만을 품었는데 그들이 깨닫지 못하는 것이 한 가지 있다. 만약 그들의 일이 아무 불평 없이 할 수 있을 만큼 그렇게 쉽고 단순했다면 고용주는 그들보다 능력이 적은 사람을 고용해 더 싼 임금을 주려고 했으리라 점이다.

비관주의자는 기회를 놓친다. 일례로 새로운 제도나 혁신은 언제나 우리의 삶을 안락하게 변화시키거나 생산적인 상황으로 변모시킬 것을 약

시도하지 않으면 아무것도 할 수 없다

속하면서 받아들인다. 그러나 항상 이에 반기를 드는 사람들은 그 제도에 불만을 표현하며 다른 사람들까지 영향을 끼친다.

우리는 살아 있는 동안 어느새 인공지능의 출현을 맞이했다. 인공지능이 처음 보급하기 시작했을 때 우리는 인공지능 때문에 많은 사람이 일자리를 잃을 것으로 예상했다. 물론 경쟁력을 키우려고 인공지능 교육을 다시 받아야 하는 사람들이 있는 건 사실이다. 하지만 사람 대부분은 인공지능이 오히려 많은 일자리를 창출했으며, 우리의 생활수준을 엄청나게 증진시켰다는 것에 동의할 것이다.

만일, 앞으로 당신의 직업에서 오는 어떤 어려움에 불편을 겪는 자신을 발견하게 된다면 당신 자신에게 이런 질문을 한 번 던져 봐라.

"이것을 좀 더 쉽게, 더 잘, 더 빨리, 더 저렴하게 할 수 있는 방법은 없을까?"

아마 이 질문을 시작으로 해서 해답까지 찾을 수 있다. 그리고 이런 질문을 했던 사람들이 누렸던 모든 이익을 당신 또한 누릴 수 있다.

사랑은 보상을 바라지 않는다

어린이들은 당신이 하는 말보다 행동에 더 주의를 기울인다
– 지글러의 어머니

리처드는 아홉 명의 아이 가운데 여덟 번째 아이였다. 크리스마스를 사흘 앞둔 어느 토요일 오후, 어머니는 여느 때처럼 부지런히 집안일을 하면서 리처드에게 2층으로 올라가 구두를 좀 닦아 달라고 부탁했다.

잠시 뒤, 리처드는 어머니의 구두를 가지고 아래층으로 내려왔다. 분명 자기가 한 일을 자랑하고 싶은 모양이었다. 어머니는 기쁜 마음으로 지갑에서 25센트짜리 동전을 하나 꺼내어 리처드의 손에 쥐어 주었다.

리처드에게 25센트는 정말 소중한 보물이나 마찬가지였다. 그것도 크리스마스를 사흘 앞둔 시점에서는 더욱 그랬다. 그런데 리처드는 무척 난감해하는 표정이었다. 그 아이는 돈을 받아든 다음, 어머니의 구두를 다시 들고는 2층으로 올라갔다.

얼마 뒤에 어머니는 옷을 갈아입으려고 서둘러 위층으로 올라갔는데 아이가 반짝반짝 닦아 놓은 구두를 신다가 오른쪽 발가락 끝에 어떤 뭉치가 닿는 것이 느껴졌다. 구두 속에 무언가가 들어 있었다.

약간 속이 상한 어머니는 급히 구두 속에 들어 있던 것을 꺼냈다. 그것은 종이 뭉치였다. 그녀는 종이 뭉치를 풀어 보았다. 그러자 25센트짜리 동전이 바닥으로 굴러 떨어졌고 종이에는 일곱 살짜리의 비뚤비뚤한 글씨로 이렇게 쓰여 있었다.

"난 엄마를 사랑하기 때문에 했을 뿐이에요."

-〈가톨릭 다이제스트〉, 마가렛 베일라전

리처드의 부모는 아이에게 진정한 사랑의 의미를 가르쳐 왔다. 아홉 명의 아이를 둔 그 어머니는 정말 바쁜 여인이었지만, 현명하고 자상한 어머니는 이제 아홉 명 각각의 아이들과 더 많은 시간을 함께할 것이다.

어린아이들에게 당신의 사랑을 보여주면 당신은 더욱더 좋은 세상을 만드는 데 일조하는 것이다.

친절에 노력을 더해라

생산성만 가지고서는 안전을 보장할 수 없다.
끊임없는 긍정적인 태도와 팀의 노력을 더해야만 한다. 이것은 모든 일에,
즉 일자리를 구할 때나 당신이 소유하고 있는 것을 지키려 할 때도 마찬가지이다.
― 마빈 월버그

최근에 나는 아내와 함께 멋진 호텔에 투숙하고 곧바로 저녁을 먹으려고 레스토랑으로 갔다. 우리는 둘 다 무척 시장하니 서둘러서 음식을 요리해 달라고 여주인에게 특별히 부탁했다.

그 여주인은 친절한 어조로 말했다.

"알겠습니다, 그렇게 해드리겠습니다."

그러고는 10분 뒤, 나는 우리 테이블 옆을 지나가는 웨이트리스를 불러 다시 한 번 우리가 주문한 음식을 좀 빨리 가져다 달라고 말했다. 웨이트리스는 상냥하게 미소 지으며 그렇게 하겠다고 흔쾌히 대답했다. 그런 뒤 또 한참의 시간이 흘렀다. 웨이트리스가 성실한 태도에 밝은 표정으로 물과 메뉴판을 가지고 우리 테이블로 왔다. 그녀가 오자마자 나는

다시 말했다.

"감사합니다. 그런데 우리가 지금 무척 배고프거든요. 아니, 정말 배고 픕니다."

그랬더니 그 웨이트리스는 바로 대답했다.

"바로 드실 수 있도록 조치하겠습니다."

그러고도 거의 10분이 지난 뒤에야 그녀는 우리가 주문한 음식을 가져 왔다.

그 순간 아내와 난 자리에서 일어나기로 결정했다. 그러자 지배인이 다 가와서 장황하게 변명을 늘어놓았다. 무려 한 시간을 기다리는 동안, 무 례하거나 딱딱한 표정으로 우리를 대했던 웨이트리스는 단 한 명도 없었 다. 하지만 그와 같은 상황에서, 우리는 친절하고 예의바르지만, 우리가 주문한 음식을 제때 가져다주지 않는 사람보다는 차라리 다소 불친절하 더라도 제때에 가져다주는 효율적인 사람이 있었으면 하는 생각이다.

성공 충고 : 친절하고 긍정적인 태도에 효율적인 서비스를 더하라. 그러 면 당신의 비즈니스는 영원히 번창할 것이다.

목표가 선 사람은 더 멀리, 그리고 더 빨리, 더 많은 것을 얻는다

당신이 확실한 목표를 가지고 당신의 잠재력을 이용하면 보다
커다란 일이 일어나기 시작할 것이다.

메릴 린치의 부사장 보좌관 앤드루
가드너는, 수입이 매년 10만 달러 이상인 사람을 상당수 고객으로 확보
했다고 한다. 물론, 그들은 각기 다른 분야에서 일하고 여러 면에서 서
로 다르다. 그러나 그들에겐 한 가지 공통점이 있다. 그것은 언제, 누가
물어 보든지 간에, 질문을 받을 때 자신들의 목표 달성이 어느 정도까지
성과를 보았는지를 정확하게 말할 수 있다는 사실이다.

당신은 현재 자신이 어느 지점에 서 있는지를 알아야 한다. 또한, 당신
의 목표에 어떻게 다다를 수 있는지를 알 필요가 있다. 그것은 매우 중요
한 일이다.

UCLA 의대 출신인 데이비드 G. 젠슨은 내가 강의하는 일반 세미나
를 듣는 사람들을 조사한 적이 있었다. 그는 그들을 두 그룹으로 나누었

는데 한 그룹은 목표를 설정하고 그 목표를 성취하려고 계획을 실행하는 그룹이고, 또 한 그룹은 자신들의 목표를 설정하려는 구체적인 행동조차 취하지 않은 사람들이다.

목표를 설정한 그룹의 사람들은 그렇지 않은 사람들의 그룹에 비교해 월 평균 두 배 정도의 돈을 더 버는 것으로 나타났다. 실천 그룹은 그렇지 않은 그룹에 비교해 매사에 적극적으로 열심히 일하고, 자신의 인생과 일에 보다 더 큰 만족을 느끼며, 결혼 생활도 보다 행복하고 전반적인 건강 상태도 양호했다.

당신이 지금 어디로 가고 있는지를 안다면, 그것은 당신 안에 훌륭한 스승을 모시고 있는 것과 같다.

올바른 사람과 결혼하는 것보다
올바른 사람이 되는 것이 훨씬 더 중요하다

사랑이란 장님이 되는 것이다. 때론 상대방의 실수에
우리는 두 눈을 다 감아야 한다.

집으로 돌아오는 비행기 안에서 있었
던 이야기이다. 내 옆자리에 앉은 남자가 오른손 검지에 결혼반지를 낀
것이 눈에 띄었다. 나는 궁금증을 떨쳐 버릴 수가 없어서 그에게 물었다.

"당신은 결혼반지를 잘못된 손가락에 끼고 계시군요?"

그랬더니 그가 이렇게 대답했다.

"네, 저는 아무래도 결혼을 잘못한 것 같습니다."

많은 사람이 결혼에 관해 상당히 잘못된 생각을 갖고 있는 것 같다. 결
혼만 하면 행복하고 성공적인 삶을 누릴 것으로 생각한다. 그리고 조금
만 힘들어져도 이내 결혼을 잘못했다고 생각한다. 그러나 만일 당신이
잘못된 사람과 결혼했다는 생각이 들지라도 당신의 배우자를 사랑으로
감싸 안는다면 결과적으로 당신은 좋은 배우자를 얻은 것이지만, 아무리

시도하지 않으면 아무것도 할 수 없다

좋은 사람과 결혼을 했어도 상대를 좋게 보지 않는다면 당신은 분명 잘못된 사람과 결혼을 한 결과를 가져오게 된다.

좋은 사람, 그리고 올바른 사람과 결혼하는 것보다는 당신이 먼저 좋은 사람, 올바른 사람이 되는 것이 훨씬 더 중요하다. 결국, 당신이 결혼을 잘 했느냐 못했느냐는 일차적인 책임은 당신에게 달렸다

나의 개인적인 관찰 그리고 조사와 경험에 비춰 볼 때, 안정적이고 견고한 결혼 생활은 순간적인 정열 위에 지어지는 집이 절대로 아니다. 현실적이고 긍정적인 기대가 우리의 결혼 생활을 영원한 것으로 인도한다.

변화는 구호가 아니라 실천이다

당신이 원하는 길이기에 당신은 지금 그 길을 가고 있는 것이다.
만일 당신이 진정으로 다른 길을 원했다면 당신은 지금 변화의 길을 걷고 있었을 것이다.
– 프레드 스미스

당신이 열정을 품고 있다면 아무리 어려움이 부딪쳐도 곧 해결할 방법을 찾을 것이다. 그러나 열정이 없다면, 그 문제를 해결하기보다는 어떻게 하면 그 문제에서 도피할 수 있을지를 궁리만 일삼을 것이다. 결국, 그 도피 방안 역시 찾게 된다.

솔직히 말해서, 최선을 다했는데도 아무런 강연 약속도 받지 못했을 때 나는 그야말로 하루가 1년 같다는 생각이 든다. 그런 상황은 나를 의기소침하게 한다. 그러나 나는 단 한 번도 훌륭한 강연자가 되겠다는 꿈을 포기할 생각은 해본 적이 없다. 강연자가 되고 싶어 하고 그에 필요한 재능을 원하는 다른 사람들과 나와의 차이는 나는 결단코 그 꿈을 이루려는 나의 굳은 의지를 포기하지 않았다는 점이다. 내가 꿈을 가진 것이고, 꿈이 나를 가진 것이다.

시도하지 않으면 아무것도 할 수 없다

사람들 대부분은 능력이 부족해서가 아니라 열정이 부족하기 때문에 실패한다. 열정은 인내와 끊임없는 노력을 불러온다. 그리고 그것들은 반드시 더욱더 큰 보상을 가져다준다.

동기부여는 '무엇인가를 해야겠다는 의지'를 제공한다. 끊임없는 훈련은 '어떻게 해야 한다는 방법'을 제공한다. 그 둘이 결합하면 당신이 이상을 실현하도록 창조적인 사고력을 효율적으로 변화시킨다. 열정과 끊임없는 훈련 그리고 책임감은 당신이 인생을 살아가면서 겪게 되는 시련을 거뜬히 견뎌내게 하는 지속적인 힘을 발휘한다.

능률적으로가 아니라 효율적으로 일하라

능률이란 일을 적절하게 하는 것을 말하며 효율이란 적절한 일을 하는 것을 말한다.
－토머스 K. 코넬란

한정된 시간과 자원을 적절하고 효과적으로 활용하려면, 아주 단순해 놓치기 쉽지만, 그렇기 때문에 더욱 중요한 기본에 충실해야 한다. 사소한 것에 신경 쓰다 가장 중요한 일을 못한다면 그건 일을 효율적으로 일하는 것이 아니다. 어떤 일을 하는 데에, 그 일을 당신이 해야 하는지 아니면 다른 사람에게 맡겨도 되는지를 먼저 파악해야 한다. 핵심은 능률적인 시간 활용보다는 효율적인 시간 활용에 있다.

신중하게 일을 하며 현명하게 시간을 활용한 이 효율적인 사람들은 어떻게 발전할까? 몇 년 전에 나온 〈어소시에이티드 프레스〉지의 기사를 보면, 그런 사람들은 대부분 빠르게 승진했다고 한다.

"시카고의 한 의대에 있는 리서치 팀의 조사에 따르면, 활발하지 않고 재미없는 사람들은 파티에 우선적으로 초대하지 않지만, 대부분은 승진 대열에는 먼저 오르는 것으로 나타났다. 또한 88명의 관리직원에 관한 조사를 마친 결과, 이 '재미가 없는' 사람들이 가장 성공하는 관리직원들인 것으로 나타났다. 이것은 그들이 다른 데 한 눈 팔지 않고 주어진 일에만 전념하기 때문인 것으로 보인다. '재미를 추구하는' 사람들로 분류된 관리직원들은 그렇지 않은 사람들에 비교해 낮은 연봉을 받는 경향을 보였다."

이것은 당신에게 재미없는 사람이 되라는 이야기는 아니다. 다만 일을 하는 데에 진지하고 신중해야 하며, 자신이 맡은 일은 효율적으로 처리해야 한다는 것을 말하려는 것이다.

인내는 불가능도 정복한다

인내는 불가능한 것을 가능하게, 가능한 것을 유망하게,
그리고 유망한 것을 확실하게 만든다.
−로버트 하프

한 엄마가 어린 아들에게 물었다.

"넌 이 다음에 커서 뭐가 되고 싶니? 제일 하고 싶은 일이 무엇이지?"

그러자 꼬마가 엄마를 쳐다보면서 대답했다.

"저는 키가 크고 싶어요. 그리고 운동선수가 되고 싶어요."

불행하게도 그 아이의 대답은 엄마에게 커다란 아쉬움만 남겼다. 그 아이의 엄마, 아빠, 그리고 친가와 외가의 할머니 할아버지 모두 키가 작았기 때문이다. 엄마는 아이에게 키가 큰 사람이 하는 운동경기는 어려울지 모르겠지만, 그렇지 않은 것은 할 수 있을 거라고 말했다.

아이 엄마의 염려가 단지 기우에 불과할 수도 있겠지만, 당시 그 엄마는 그렇게밖에 말해 줄 수 없다. 왜냐하면 운동하기엔 그 소년의 신

시도하지 않으면 아무것도 할 수 없다

체 조건이 따라 주질 않았기 때문이다.

그런데 그 꼬마가 9학년이 되어서의 일이다. 신체적인 조건으로 봐서는 어려웠지만, 그 아이는 운동부에 계속 남아 있기를 고집하자 운동부 코치가 왜 운동선수가 되겠다는 불가능한 꿈을 계속 고집하느냐고 물었다.

아이들 대부분은 이런 질문을 받을 때, 의기소침해진다. 그러나 그 코치와 대화를 나누고 있던 아이는 다른 아이들과 분명 달랐다. 메릴린 올센, 그 꼬마가 바로 메릴린 올센이다. 올센은 점차 키가 크기 시작했고 전미 고등학교 풋볼 선수로 뛸 수 있는 스피드와 체력을 키워 갔다. 그가 바로 유타 주의 대표 수비수였으며, 내셔널 풋볼 리그에도 14번씩이나 출전한 선수다.

인내심을 가져라! 그리고 노력해라!

회사와 직원은 파트너이다

대다수 지도자들의 목표는 사람들이 자기를 높이 우러러보도록 하는 것이다.
그러나 위대한 지도자의 목표는 사람들 각자가 스스로를 높이 우러러보도록 돕는 것이다.
– 존 맥스웰

1백 명의 직원을 고용하고 있는 평범한 한 회사를 놓고 봤을 때 그중 대략 8명 정도는 해당 직장과 잘 맞지 않는다. 그리고 1백 명 중 6명 정도만이 '슈퍼스타'일 것이다. 그들은 나머지 사람들이 하는 일에 비교해 8배의 성과를 올린다.

그러나 이 '슈퍼스타'들이 다른 사람들에 비교해 일을 8배 빠르게 할 수는 없다. 혹은 8배의 일을 해낼 수도 없다. 그들의 높은 생산성은 일을 대하는 그들의 마음가짐, 그리고 다른 사람들과의 관계 속에서 성취되는 것이다. 무엇보다도 중요한 것은, 그들이 자신들의 일에서 여러 가지 좋은 정보들을 습득해 자신의 것으로 체화해 간다는 점이다. 또한 그들은 누가 질문을 해오면 언제든지 기꺼이 정보를 공유하면서 자연스럽게 지도자가 된다. 올바른 일을 하고, 주어진 상황에 적응을 잘 하며, 다른 사람들에게 도움이 됨으로써 그들은 회사를 더욱더 발전해간다.

그렇다면 회사가 더 많은 '슈퍼스타'를 고용하면 더욱 발전할 수 있지 않을까?

하지만 슈퍼스타들을 더 고용할 수는 없다. 회사는 현재의 직원들을 더욱 개발시켜야만 한다. 그것이 바로 우리 사회를 변화시키고, 각 분야에서 놀라운 성장을 가져오게 하는 주요인이다. 끊임없는 훈련과 자발적인 프로그램만이 숙련된 지식과 능력을 키워 주고 다른 분야로의 이직이나 이동을 자연스럽게 막아 준다.

"나는 왜 내 사람들을 교육시켰는데도 결국에 가서는 그들을 잃어야 하는 걸까?"라는 질문을 하는 회사들에서 이런 답은 어떨까?

"사람을 교육시키고 잃는 것보다 더 나쁜 것은 사람들을 교육시키지 않은 채 끝까지 그들을 그대로 지키고 있는 것이다."라고.

이 세상에는 서로 도와야 한다는
암묵적인 약정이 있다

관심을 가져주는 것이 서로간에 상처를 주지 않겠다는 무관심보다 낫다.
이 세상에는 서로 도와야 한다는 암묵적인 약정이 있다. —미상

내가 요리 기구 판매업에 종사하고
있었을 때 일이다. 어느 날 나는 내가 지킬 수 있는 이상의 약속을 해놓
은 것이 떠올랐다. 그때 나는 여러 고객에게 다양한 요리 기구를 팔려고
디너 전시회를 진행했는데, 구매자들에게 상품을 직접 집까지 배달해 주
고는 해당 식품의 사용법을 그들의 집에서 교육해 주기로 약속을 했다.

내 입으로 한 약속을 지키지 못하게 된 나는 내 부하 직원인 게리 애로
우드에게 도와 달라고 부탁을 했다. 나한테서 제품을 산 여섯 커플에게
그날 저녁 그 물건들을 직접 배달해 주고 사용법을 다시 한 번 설명해 주
었으면 한다고 게리 애로우드에게 말했다.

그러자 게리 애로우드는 난감한 기색으로 손을 가로저었다.

"전 못하겠는데요!"

나는 게리 애로우드가 마음을 돌리도록 설득할 수가 없었다. 그러나 게리 애로우드는 집으로 돌아가면서 좀 더 신중하게 생각했는지 가다 말고 차에서 내려 내게 전화를 걸어 왔다.

"알겠어요. 제가 그 일을 하죠. 어려운 상황에 부닥쳤는데 제가 어떻게 그냥 보고만 있겠어요. 그러고 싶진 않아요."

다음 날 저녁, 나는 게리 애로우드한테서 그야말로 흥분에 가득 찬 전화를 받았다. 게리는 이렇게 말했다.

"전 제 자신이 이렇게 기분 좋아질지 몰랐어요. 앞으로 저한테 부탁하실 일이 있으시면 언제든지 말씀해 주세요!"

'그냥 이대로'는 실패를 위한 주문이다

어리석음에 대한 여러 설명 중 한 가지.
자신이 지금까지 해오고 있는 행동을 앞으로도 똑같이 계속해서 할 수 있다고
믿으며 거기서 기대 이상의 결과를 계속 얻을 수 있다고 믿는 것.

1930년 5월 15일, 최초의 스튜어디스들은 다음과 같은 주의 사항을 듣고 비행기에 탑승했습니다.

1. 시계와 고도계의 태엽을 감아놓을 것.

2. 항공기가 착륙해 있을 경우 열차 시간표를 갖고 다닐 것.

3. 승객들이 절대 담배를 피우지 말 것을 경고할 것.

4. 승객이 화장실 쪽으로 가면 혹시 실수로 비상구 문 밖으로 나가지 않
   나 살피기 위해서라도 그들에게서 시선을 떼지 말 것.

비행기를 이용해 자주 여행을 하는 나는 요즘은 이와 같은 주의 사항을 듣고 탑승하는 스튜어디스는 아마도 없을 것이라 확신합니다.

변화는 불가피하며 필수적입니다. 그러나 변화는 우리에게 스트레스를 줄 수도 있습니다.

하지만 변화하지 않으면 직장에서 해고될 수도 있고 심지어 파산할 수도 있습니다. 변화를 거부하는 사람들의 최후는 뻔합니다.

지금 내가 말하고자 하는 것은 기본적으로 '발전적 변화'란 어제 우리가 모르고 있었던 것에 오늘 우리의 새로운 지식을 더하자는 의미입니다.

우리들의 의지나 생각은 아주 단순하게 작용합니다. 낡은 정보는 새로운 정보 안에서 혼합되고 그 혼합된 정보는 우리가 뭔가 전혀 다른 것을 생산해 내도록 도와줍니다. 사람이 배우면서 성장하면 그들의 내적 창조성은 훨씬 더 수월하게 많은 변화를 일으킵니다.

인격은 단 몇 분 안에 드러난다

여러 은행에서 고객이 은행원에게서 받는 지폐는 같다.
단지 은행원만이 다를 뿐이다. ─스탠리 마커스

내 사전에 개성이란 '다른 사람과 서로 다른 행동을 하는, 혹은 구별하는 그 사람만의 특성'이라고 나와 있다. 개성이란 '한 개인의 능력, 관심, 자세 등을 포함해서 지적, 물리적, 정서상의 총체적 구조'이다. 명랑한 성격의 소유자에게는 많은 즐거움이 따르기 마련이다. 그러나 아쉽게도 많은 사람이 미소 짓고 기뻐하며 찡그리는 것 중 맘에 드는 표정을 자연스럽게 선택할 수 있다는 사실을 종종 잊어버리는 것 같다. 안타깝게도 너무도 많은 사람이 잘못된 선택을 한다. 그 결과, 그들은 자신과 맞지 않는 친구 혹은 동업자를 만나게 된다. 첫인상은 단 한 번에 결정된다. 우리는 다양한 길을 가면서 우연히 마주치는 사람들을 단 몇 초 내에 거의 본능적으로 단정을 짓거나 판단을 해버리는 성향이 있다. 나는 확신한다. 우리가 아이들에게 웃는 것을 가르치고, 명랑하고 활발하며 예의바르게 행동하고, 다른 사람을 존경하며, 누군가의 요청이나 질문을 흔쾌히 받아들이는 습관을 가르친다면, 우리는 그들이 모든 사람을 향해 마음의 문을 열어놓는 바람직한 인품을 형성하는 데에 커다란 도움을 줄 것이다. 일단 그 문이 열리면 자연스럽게 열린 성격으로 발전한다. 개성과 인품은 단 몇 초 내에도 나타나게 되어 있다. 당신의 인생을 위해 쾌활한 성격을 개발하고 잘 활용한다면 그것보다 더 중요한 것은 없을 것이다.

모든 사람은 시간 앞에 평등하다

하루 중 어디선가 60개의 은으로 장식된 1시간을 잃어버렸다면, 당신은 60개의 다이아몬드로
장식된 1분이라는 보석 60개를 잃어버린 것이다. 그것은 그 어떤 것으로도 보상될 수 없다.
이미 잃어버린 것이며, 영원히 사라진 보석이다. ─미상

내 친구 댄 벨루스는 내 생각에 시간을 관리하는 데에서는 아마 미국에서 첫째갈 인물일 것이다. 그가 시간에 관해 자주 인용하는 말이 하나 있다. 미국인들이 영국으로부터 독립을 선언했을 때, 한 정치가는 이렇게 말했다. "모든 사람은 평등하게 창조되었다." 이 말이 나오고 난 후부터 그에 관한 진실 여부를 두고 수많은 논쟁이 벌어졌다. 그 말의 옳고 그름을 명백히 밝힐 수는 없으나 나는 한 가지만은 분명하게 말할 수 있다. 모든 인간은 자신에게 주어진 시간 앞에서만큼은 모두 평등하다는 것을.

우리는 60초로 이루어진 1분, 60분으로 이루어진 1시간, 그리고 24시간으로 이루어진 하루를 보낸다. 그 누구도 그 이상의 시간을 가질 수는 없을 뿐만 아니라 그 이하의 시간을 가질 수도 없다. 군대에서는 음식을

시도하지 않으면 아무것도 할 수 없다

나눠주는 사람을 알고 있다면 조금 더 달라고 부탁할 수 있지만 시간에서 만큼은 그런 부탁이 통하지 않는다. 또 한 시간이 흐르는 파이프라인을 더 크게 만들어 나에게만 시간을 더 달라고 할 수도 없다. 우리 모두는 누구나 한 번에 1초씩만 가는 시간 속에 살고 있다. 결국 이것은 모든 사람은 시간 앞에서만큼은 진실로 평등하다는 이야기이다. 이 사실 하나만으로도 우리에게 가장 소중한 것은 바로 시간이라는 사실을 알 수 있다. 우리가 소유한 것 중 가장 부패하기 쉽고 협상할 수 없는 상대, 시간. 우리는 우리 자신을 위해 그 시간을 써야만 한다. 우리는 매초마다 무언가를 생산하고 발전해 나가야만 한다.

말은 자신을 위한 광고이다

좋은 쪽으로든 나쁜 쪽으로든 대화는 자신을 위한 광고이다.
당신이 입을 열 때마다 당신은 사람들한테서 당신의 마음속을 들여다보게 한다.
– 브루스 바턴

두 마리의 기러기가 매년 하던 대로
남쪽으로 이동할 채비를 하고 있었다. 그때 개구리 한 마리가 자기도 데려
가 줄 수 있느냐고 물었다. 두 마리의 기러기는 '그래'라고 대답했지만, 그
일을 어떻게 할 수 있을지 걱정스러웠다. 그러자 아주 꾀 많은 이 개구리
는 길고 튼튼한 풀잎 줄기를 구해 와서는 두 마리의 기러기들에게 자기는
풀잎 줄기 중간에 입으로 매달려 있을 테니 양쪽 줄기 끝을 발로 잡아 달
라고 부탁했다. 마침내 두 마리의 기러기와 개구리는 하늘로 날아올랐다.
한참을 날아오르자 저 아래로 사람들과 집들이 보였다. 넓게 펼쳐진 광경
이 개구리에게는 무척 신기했다. 그때 두 마리의 기러기는 독특한 체험을
구상한 자신들의 창의력과 현명한 행동을 큰소리로 자화자찬을 늘어놓기
시작했다. 두 마리의 기러기가 하는 말을 듣고 있던 개구리는 허영심이

발동해서 그만 입을 벌리고는 큰 소리로 외쳤다. "그건 내 아이디어였잖아!" 그 순간, 개구리는 곧장 땅바닥으로 떨어져 죽고 말았다. 입을 굳게 다물고 있어야 한다는 옛 속담 중에는 이런 것도 있다. "입을 다물고 있어라. 그러면 당신이 바보라도 바보인 줄 아는 사람이 절대 없을 것이다. 그러나 입을 열면 모든 것이 다 탄로 나고 만다." 이런 옛말을 통해 우리는 몇 가지 진리를 배울 수가 있다. 그렇다고 해서 아무 말도 하지 말라는 말은 아니다. 중요한 것은, 말을 해야 할 때와 들어야 할 때를 분별할 줄 아는 지혜가 있어야 한다는 사실이다.

자녀를 위한 최고의 선물은
자기 배우자를 진정으로 사랑하는 것이다

**당신과 당신의 배우자가 서로 사랑한다면 당신의 아이들은 그 어디에서도
찾을 수 없는 편안함과 안정감을 느끼게 된다.**

내 아들이 열다섯 살쯤 됐을 때 있었
던 일이다. 나는 아들과 함께 산책하다가 아들에게 물었다. "얘야, 아빠
의 어떤 면이 가장 존경스럽냐고 누가 묻는다면 넌 뭐라고 대답하겠니?"
그러자 아들은 이렇게 말했다. "전 아빠가 엄마를 사랑하시는 게 가장 좋
고 존경스러워요." 나는 자연스럽게 또 이렇게 물었다. "아들아, 왜 그렇
게 생각하는지를 말해 줄 수 있겠니?"

"아빠가 엄마를 사랑하시기 때문에 엄마에게 잘 대해 주시고 또 그렇
게 잘 대해 주시니까 우리 가족이 항상 행복하다는 것을 알고 있기 때문
이죠. 그리고 엄마 역시 아빠를 굉장히 사랑하시고요. 아빠, 엄마 두 분
다 제겐 너무나도 소중한 분이기 때문에 두 분이 서로 사랑하시고 매우
친절하게 대해 주시는 게 너무나도 고맙고 존경스러워요."

시도하지 않으면 아무것도 할 수 없다

당신의 아이들에게 당신의 배우자가 얼마나 소중하고 사랑스러운 존재인지를 이야기해 줘라. 그리고 당신이 당신의 배우자를 얼마만큼 사랑하는지를 아이들에게 말해 줘라. 또 당신이 당신의 배우자를 처음에 어떻게 만났으며, 어떤 모습에 끌렸는지를 들려줘라(이것을 반드시 기억해 둬야만 한다!). 당신과 당신의 배우자가 서로 사랑한다면, 당신의 아이들이 그 어디에서도 찾을 수 없는 편안함과 안정감을 느낄 것이다. 아이들은 여러 곳에서 안정감을 찾으려고 하지만 가정에서 느낄 수 있는 안정감보다 더 좋은 것은 없다. 당신의 아이들에게 자기들의 부모가 오늘도 변함없이 서로 사랑한다는 것을 느끼게 해라!

동기는 당신이 첫발을 내디딘 후에 다가온다

적극적으로 행동해야겠다는 생각이 들 때까지 기다리지 말라.
당장 시도하라! 그러면 그렇게 하기를 정말 잘 했다는 생각이 들 것이다.

내 부하 직원 게리를 기억하시죠? 그
녀는 나를 도와 정말 하고 싶지 않은 일을 했다. 그녀는 하기 싫은 일이
었지만, 다른 생각하지 않고 우선 그 일을 시도해 보았다. 그 뒤로 그것
이 크게 동기부여가 되어, 그녀는 자신의 이미지를 극적으로 변화시켰
다. 자신감이 솟아나기 시작했으며, 훌륭한 인품이 서서히 꽃을 피웠던
것이다. 그리고 점점 더 큰 목표를 세우기 시작했으며 낙관적이고 더욱
더 적극적인 사고의 소유자로 변모해 갔다. 게리는 용기와 정열, 그리고
자부심과 겸손한 자세로 일을 했다. 나는 이 점을 꼭 언급하고 싶다. 그
녀는 성실했으며, 절대적으로 신뢰감을 주며 매우 열심히 일했다는 것을
말이다. 그녀는 끊임없는 개발과 노력으로 또 다른 성공을 일궈 나갔다.
사람에게는 동기부여가 얼마나 중요한지는 게리의 경우를 통해 우리 모

두 알 수 있을 것이다. 이야기의 핵심을 놓치지 마라! 동기부여는 그녀가 시도한 뒤에 찾아온다! 여기서 중요한 교훈은 이것이다. 적극적으로 시도하자는 생각이 들 때까지 기다리지 마라! 당장 시도하라! 그러면 당신이 그렇게 하기를 잘 했다는 생각이 들 것이다. 그것이 바로 책임을 완수하는 것이다. 게리가 행동으로 옮겼을 때 그녀의 모습은 이미 바뀌어 가고 있었으며 그녀의 인생 또한 발전해 가고 있었다. 그와 같은 일이 당신에게도 일어날 수 있다. 당신을 끌어당기는 느낌이 들 때까지 더 이상 기다리지 말고 지금 당장 시도해 봐라! 동기부여는 당신이 첫발을 내디딘 뒤에 다가온다.

작은 것 하나라도 올바르게 행한다면
당신은 위대한 사람이 된다

작은 친절, 용기 있는 행동이 때론 역사의 흐름까지 바꾼다.

때때로 아주 짧은 시간 동안 일어난 일이지만, 역사의 흐름까지 영향을 주는 일들이 있다. 예컨대 누군가의 친절한 말 한마디, 용기를 북돋아 주는 생각, 용기 있는 행동이 그렇다. 전쟁터에서조차 이런 일들은 일어났다. 1942년 봄, 제2차 세계대전 때 연합군과 미국은 매우 불리한 상황에 부닥쳤을 때였다. 그런데 일본의 동경 상공에서 벌어졌던 30초간의 전투 행위가 전혀 다른 상황을 연출해 냈다. 지미 둘리틀 중령과 그가 이끌던 열여섯 대의 B-52 폭격기는 동경을 비롯한 다른 네 개 도시를 공격했다. 그 때문에 일본은 전함과 전투기들을 자국 가까이로 끌어들였고, 이것은 연합군과 미국의 공격권을 넓힐 수 있는 계기가 되어 미드웨이 제도의 전투를 다른 상황으로 이끌었다. 결국 이 전투에서 연합군과 미국은 승리를 거두며 태평양 전쟁에서 새

시도하지 않으면 아무것도 할 수 없다

로운 전환점을 만들었다. 이 훌륭한 전략과 과감한 공격이 수개월간 질질 끌리던 전쟁을 단축하게 했고 헤아릴 수 없이 수많은 인명을 구출해냈다. 단지, 30초라는 짧은 시간 동안 일어난 일이지만 이것은 엄청난 결과를 가져왔다. 우리는 영혼을 고양시키는 작지만 친절한 말 한 마디, 다정한 미소, 반가운 인사, 그리고 사려 깊은 호의 등을 베풀 수 있다. 중요한 것은 우리가 다른 사람을 위해 '작은 행동'을 할 때 승리의 상황을 창조하게 된다는 것이다. 그 덕분에 우리 자신만이 아닌 다른 모든 사람과 함께 혜택을 누리게 된다.

지금 필요한 건 걱정이 아니라 실행이다

가만히 앉아서 일이 잘 되기만을 바라는 사람은 위대한 인물이 될 수 없다.
조물주는 우리에게 고기를 낚을 수 있는 장소를 제공해 주었지만,
낚시 미끼는 자신이 알아서 준비해야만 한다.

처음 사회에 발을 내딛은 뒤부터 나는 무려 16년 동안 직접 발로 뛰며 방문 세일즈를 했다. 그때 수많은 가정집의 대문을 두드려야만 했다. 우리는 그것을 '호별 방문'이라고 부른다. 첫 번째 집 현관문은 정말 두드리고 싶지 않았다. 심지어는 두 번째 집, 세 번째 집도 그랬다. 그러나 네 번째 집이나 다섯 번째 집쯤에서는 어느 정도 익숙해지며 그 다음부터는 기대를 걸고 현관문을 두드렸다. 무엇보다도 나는 매일 아침 일을 시작할 때가 가장 힘이 들었다. 마침내 나는 나에게 많은 조건과 충고를 아끼지 않았던 내 정신적인 멘토인 P.C. 메렐 씨의 충고를 받아들였다. 그는 우선 잠재 고객의 집 현관문을 날마다 정확히 같은 시간에 두드리겠다는 약속을 나 자신과 하고 그 다음날 그곳에 갈 시간이 될 때까지는 그 생각 자체를 잊으라고 충고했다.

이 충고는 세일즈에 앞서 느끼기 쉬운 어떤 망설임이나 걱정을 없애주고 일단 부딪쳐 보자는 결단을 서게 한다. 여태껏 내가 받아 본 충고 중에 가장 훌륭한 충고였다. 이것은 세일즈맨뿐만 아니라 어떤 일을 앞에 두고 있는 모든 사람에게 효과가 있는 충고다. 무언가를 해야만 하는 상황인데도 하기 싫은 일이라면 일단 어떻게 하겠다고 자신과 약속을 하고 그것을 잠시 잊으라. 그러고는 약속한 시간이 되면 그것을 시작해라. 그러면 당신은 걱정은 덜 하면서도 더 많은 일을 하게 될 것이다.

꿈과 이상의 연료는 칭찬이다

'긴급 수배자' 명단을 보면 나는 늘 이런 생각을 한다.
'만일 저들이 자신들을 필요한 사람이라고 느낄 수 있었다면, 현재 저렇게
수배자 명단에 오르진 않았을 텐데.' – 에디 칸토어

스타 데일리는 영국에서 흉악무도한 살인자에 무장 강도로 가장 악명 높은 사람이다. 그의 어린 시절로 거슬러 올라가면 그 원인을 찾을 수 있다. 그의 선생님은 수업 시간에 자주 그를 불러 앞으로 나오게 해서는 여러 사람 앞에서 책 읽어보라고 했다. 불행하게도 그는 책 읽는 것이 무척 서툴렀으며, 거기에다 자의식이 강하고 부끄러움을 많이 타는 내성적인 성격이었다. 그래서 그가 잘 해보려고 노력하면 할수록 오히려 더욱더 실수를 했다. 어느 날, 그가 책을 읽다가 아주 곤란한 상황에 부닥치게 되었는데 교실에 있던 모든 학생이 조롱의 웃음을 터뜨렸다. 심지어 그가 도움을 기대하고 선생님을 쳐다보았을 때 선생님 또한 웃음을 감추지 못했다. 바로 그때, 그의 분노가 폭발했다. 어린 스타 데일리는 들고 있던 책을 냅다 교실 벽에 내던지더니

시도하지 않으면 아무것도 할 수 없다

이렇게 큰 소리로 외치면서 교실 문을 박차고 나갔다. "언젠가는 너희가 날 무서워하게 될 날이 올 거야. 그리고 날 극도로 증오하게 될 거야. 이제 날 보고 이렇게 비웃는 것은 지금이 처음이자 마지막이 될 걸." 그 다음은 말 그대도 하나의 역사가 되었다.

'용기를 북돋운다는 것'은 누군가에게 '용기를 불어넣어 준다는 것'을 의미한다. 그것은 꿈과 이상을 추구하는 사람들에게는 꼭 필요한, 그리고 반드시 제공해 줘야 할 연료다. 꿈과 희망을 품도록 우리의 자녀들에게, 아니 모든 어린이에게 용기를 심어 주고 격려해 준다면 그것은 결국 그들이 성공의 길로 나아가는데 큰 보탬이 된다. 그리고 당신이 누군가를 격려해 준다면, 당신 역시 격려를 받게 될 것이다.

한 가지 일에만 집중해 주위를 무시해서는 안 된다

한 가지 일에만 몰두해 똑똑한 바보가 되지 마라.
우리 모두는 주위 사람들과의 조화 속에서 생활해 나가야 한다.

텍사스 주의 댈러스 시, 약간 쌀쌀한 느낌이 드는 날이었다. 나의 아름다운 붉은 머리 아내는 우리 집에서 열기로 한 회사 동료들과의 파티 준비를 하려고 식당에 있는 식탁에 리프(문이나 테이블 따위에 붙였다 떼었다 하는 한 짝)를 붙여 달라고 나에게 부탁했다. 그래서 나는 아래층으로 내려가 리프를 붙이려고 준비를 하고 있었다. 잠시 뒤 아내는 나에게 또다시 다른 부탁을 했다. "풀장에도 물을 채워 놔야 하지 않을까요?" 나는 밖을 내다보았다. 그러고는 어쨌든 아내가 시키는 대로 하려고 밖으로 나갔다. 그런데 수도꼭지가 꽉 잠겨 있어 물을 틀 수가 없었다. 그래서 나는 다시 안으로 들어와 곧바로 위층으로 올라가서는 마저 쓰던 글을 마치려고 책상 앞에 앉았는데 자리에 앉은 지 채 얼마 되지 않아 아내가 나를 다시 부르더니 식탁에 리프를 붙여 달라고 부탁했다. 아내는 내게 무언가를 부탁할 때는 언제나 아름답게 웃는 습관이 있었다. 그때도 역시 마찬가지였다. 그래서 나 역시 웃으면서 지금은 일하느라 바쁘니까 잠시 뒤에 그 일을 할 생각이라고 말했다. 그러고는 사실 아내가 시킨 대로 아래층에 내려갔다가 다시 올라와서 글을 쓰고 있는 중이라고 말했다.

질문 : "나는 기억하는 데 어딘가 문제가 있는 것은 아닐까? 아니면 내가 너무 내 일을 끝내는 데에만 집착하는 것인가?"

두 말할 나위 없이, 내 기억력에는 문제가 없다. 다만, 자신의 일에 너무 몰두하다 보니 다른 사람의 부탁을 흘려듣는 것 같다. 당신이 정말 중요하다고 생각하는 일은 기억의 저장소에 꼭 담아둬라! 다른 일이 정말 급하지 않다면 지금 하는 일에 충실 하라! 그러나 지금 하는 일보다 더욱 중요하거나, 혹은 급한 성격의 일이라면 그것을 확실하게 마무리를 지은 다음 하던 일을 계속하라.

날마다 휴가 가기 전날처럼 일하라

자신을 어떻게 보고 있느냐에 따라 오늘 당신의 행동에 커다란 영향을 미친다.

불행하게도, 수많은 사람이 인생의 절정기에 다다랐을 때 '이제 모든 것이 끝났다'고 생각한다. 일례로, 청취자와 전화로 연결해서 이야기를 나누는 어느 라디오 토크쇼에 출연했을 때의 일이다. 한 여자분이 나에게 이런 이야기를 했다. "지글러 씨, 전 55세 된 주부인데요, 지금까지 살아오면서 아무것도 이루어 놓은 것이 없습니다. 그리고 지금에 와서 뭔가를 하자니 너무 늦은 것 같다는 생각이 듭니다. 이제 모든 것이 다 끝난 것 같아요." 바로 이런 상황에 부닥친 많은 사람의 대화를 통해 얻은 경험으로, 나는 그 여인의 말을 받아 이렇게 대답했다. "부인, 55세라면 지금 한창이십니다. 어머니에게 어디 있다고 안부 전화는 하셨습니까?" 그런 다음 나는 다시 물었다. "부인께선 일반적으로 평일에 하는 일의 양보다 휴가 가기 바로 전날 하는 일이 두 배

시도하지 않으면 아무것도 할 수 없다

내지는 세 배 정도 되지 않으십니까?" 그랬더니 그 부인은 웃으면서 그렇다고 인정을 했다. 그래서 난 이렇게 말했다. "부인, 간단하지만 아주 극적인 변화를 가져다줄 행동의 변화를 주시면 된다. 날마다 직장에 나가 휴가 떠나기 바로 전날처럼 일을 하십시오." 여러분 또한 마찬가지다.

운명은 소망에 의해 한정된다

남자든 여자든 모든 인간은 출생지나 피부색에 따라 한정지어지는 것이 아니라
그들 자신의 소망에 따라 한정된다. – 존 존슨

존 존슨은 아칸소 주, 아칸소 시에서 성장했다. 그것은 그에게는 하나의 좋은 기회로 작용했다. 아칸소 주에 있는 아칸소 시가 지리학적으로 세계의 중심이라는 사실을 아는 사람은 그리 많지 않다. 당신은 그곳에서 출발해서 가고 싶은 곳 어디든 갈 수 있다. 그곳에서 갈 수 있는 최대 거리가 1만 2천 마일은 된다. 존슨은 자기가 태어난 엉성한 양철집에서 불과 2천 마일이 약간 안 되는 지점까지 갔다. 그러나 그는 시카고의 고급 주택지 골드 코스트와 캘리포니아 팜 스프링스에 있는 밥 호프(미국의 유명 코미디언)의 이웃에도 살 수 있을 정도로 나아갔다. 그는 미국에서 400위 안에 드는 갑부 중 한 사람으로 부자 리스트에 오를 정도였다. 당신 역시 어디에 살든, 지리적으로 이 세상의 중앙이든 아니든 관계없이 운이 좋은 사람이다. 당신은 지금 있는 곳에서 당신이 원하는 어떤

시도하지 않으면 아무것도 할 수 없다

곳이든 갈 수 있다. 나는 지금 지리학적인 위치나 거리를 떠나 그 이상의 것을 말하는 것이다. 단언컨대, 그것은 그리 쉬운 여행은 아니다. 정상에 오르기까지 우리는 말 그대로 산전수전을 다 겪어야만 한다. 그러나 당신에게 '무언가를 성취하길 원한다'는 확고한 의지만 있다면, 당신은 얼마든지 '그것을 쟁취할 수 있는 방법'을 찾게 될 것이다.

돈으로 살 수 없는 것이 있다

돈이 있으면 내 가족이 필요로 하는 모든 물건을 살 수가 있다.
그러나 돈이 있어도 살 수 없는 것이 바로 가족 간의 사랑이다.

나도 한때는 평화를 돈과 동등하게
생각했고, 또 돈과 성공을 같은 것으로 여겼던 젊은이였다. 그러나 나는
진정한 만족과 완전한 성공은 돈으로 살 수 없다는 것을 인생을 통해 배
웠다. 그러나 오해하지 않았으면 좋겠다. 나는 돈으로 살 수 있는 것들
을 좋아한다. 당신 또한 그러리라 확신한다. 나는 근사한 옷과 아름다운
집, 크고 안락한 자동차와 편안하게 즐길 수 있는 휴가를 좋아한다. 괜
찮은 컨트리클럽 회원권도 좋아한다. 그러나 나는 돈으로 살 수 없는 것
들을 사랑한다. 돈으로 집은 살 수 있어도 가정은 살 수 없다. 돈으로 침
대는 살 수 있어도 멋진 잠자리는 살 수가 없다. 그리고 행복도 살 수 없
다. 돈이 있으면 근사한 시간을 보낼 수는 있어도 정신적인 평화로움은
살 수가 없다. 또한 돈으로 동료는 구할 수 있어도 진정한 친구는 얻을

수 없다. 만일 당신이 인생에서 가장 중요한 것을 돈이라고 여긴다면 아마 상당한 액수의 돈을 벌 수 있겠지만, 삶의 질이 향상되리라고 장담하지 못할 것이다. 당신이 삶의 질을 높이려고 살아간다면 당신의 삶의 수준은 분명 향상될 것이다. 그렇게 되면 당신은 인생이란 여정의 마지막 길목에 다다랐을 때 돈으로 살 수 있는 것 이상을 가진 자신의 모습을 발견할 것이다. 아니, 돈으로는 절대 살 수 없는 것을 가진 자기 자신을 보게 될 것이다.

사랑이 있는 곳에 머물러라
아이들은 재미있는 곳으로 움직이며 사랑이 있는 곳에 머문다.

1924년, 빌 하벤스는 미국에서 제일 가는 카누 선수 중 한 사람이었다. 그래서 대부분의 사람은 그가 파리에서 열리는 올림픽 경기에 나가면 세 개의 메달(아마도 금메달) 정도는 쉽게 거머쥘 거라고 생각했다. 그러나 올림픽 경기가 열리기 바로 몇 개월 전에 하벤스는 자기가 파리 올림픽 경기에 출전해 있는 동안 아내가 첫아이를 출산하게 되리라는 사실을 알게 되었다. 그는 그 중요한 시기에 아내의 곁을 떠날 수 없어서, 아쉽지만, 올림픽 출전의 기회를 다른 사람에게 넘겨줬다. 1952년, 빌 하벤스는 아들 프랭크로부터 전보를 받았다. 아들이 핀란드의 헬싱키에서 열린 올림픽 카누 1만 미터 결승전에서 금메달을 획득했다는 소식이었다.

"존경하는 아버지, 오늘의 제가 있도록 기다려 주신 것에 진심으로 감사드립니다. 아버지께서 따셨어야 했던 이 금메달을 제가 목에 걸고 돌아가겠습니다.

아버지를 사랑하는 아들 프랭크 올림."

빌 하벤스는 자신의 선택이 옳았음을 알게 되었다.

인생의 아이러니 중 하나가 바로 많은 부모가 자기 가족들에게 '좋은 것들'을 좀 더 많이 주려고 늦게까지 일을 하고 심지어 부업까지 한다는 사실이다. 그러나 여러 조사 결과에 따르면 아이들은 열심히 일하는 엄마, 아빠보다는 자기들과 함께 더 많은 시간을 보내 주는 엄마, 아빠를 훨씬 선호한다고 한다. 천 개의 선물보다는 부모가 옆에 같이 있어 주는 쪽을 아이들은 더 좋아한다는 것이다. 어쨌든 선택은 당신에게 달렸다.

정상으로 가는 길목은 좁다

정상에는 자리가 많다. 그러나 아주 비좁은 길을 통과해야만
비로소 정상이 보인다.

수년 전 나는 미시시피 주의 레이먼
드 시에 있는 하인즈 지역 초급 대학에서 교수들과 그 학교 학생들을 대
상으로 강연한 적이 있었다. 1943년 학창 시절에 나는 조비 해리스의 역
사 강의를 듣고 내 인생에서 가장 많이 영향을 끼쳤다. 그래서 나는 '조비
해리스와 짐 해리스 장학 재단' 설립을 위한 기금 마련의 일환으로 그 자
리를 갖게 된 것이었다. 강당은 좌석 뒷자리와 옆 통로까지 많은 사람으
로 가득 차 있는데도 맨 앞줄의 일곱 석과 그 뒷줄의 다섯 좌석이 비어 있
었다. 잠시 뒤 나는 그 빈자리를 가리키며 서 있는 사람들에게 '와서 앉으
라'고 했다. "두 번째 줄 중앙에 다섯 자리가 비어 있어 있었습니다. 여러
분께서는 그 자리에 앉으려면 옆에 앉은 분들을 세 사람 내지는 네 사람
을 거쳐야만 합니다. 바로 그것이 인생입니다. 인생을 살다 보면 여러분

시도하지 않으면 아무것도 할 수 없다

에게 주어지는 여러 번의 기회와 여러분 사이에는 장애물이 버티고 있지만 저는 여러분께 이런 말씀을 드리고 싶습니다. 맨 앞자리는 언제나 비어 있다고 말입니다. 정상에는 늘 자리가 많이 비어있습니다. 그러나 그 자리에 앉기까지는 아주 비좁은 길을 통과해야만 합니다." 기억하라! 앞줄은 늘 텅 비어 있다는 것을. 그러나 그 자리에 앉으려면 계획을 세우고 매진해야만 한다는 것을!

목표를 정하고 목표를 종이에 적어라

명심할 것! 목표를 종이에 기록하기 전까지는 그 어떤 의도나
계획도 토양 없는 곳에 뿌려진 씨앗과 같다. —미상

계획을 수립하는 것이 무엇보다 중요
하다. 우리 중에 단 3%의 사람만이 계획을 기초로 해서 실천으로 옮긴
다는 사실에서 더욱 그렇다. 이것은 또한 계획을 실행으로 옮기는 사람
들에게는 그에 상응하는 보상이 주어지기 때문에 더더욱 중요하다. 어떤
목표를 달성하려고 계획을 수립하는 데 투자할 시간이 없다는 것은, 바
꿔 말해서 계획을 짜지 않았기 때문에 시간을 효율적으로 쓸 수 없어서
시간이 없다는 이야기가 아닐까? 이럴 때 사람들은 언제나 시간이 부족
하다고 말한다. 그러나 앞으로도 시간은 늘 문제가 될 것이다. 지금 당장
계획을 수립하라! 그러면 당신은 당신에게 필요한 것을 얻으려고, 그리
고 당신이 원하는 것을 얻으려고 앞으로 더 많은 시간을 갖게 될 것이다.
잠깐 모든 일을 멈춰 봐라, 그리고 지금 당장 1시간만 할애해라. 어떻게

시작할 것인지를 오늘 저녁 잠자리에 들기 전까지 구상해 놔라. 당신이 첫발을 내딛는 순간부터 변화가 시작되며 행동하지 않으면 아무것도 얻을 수 없다는 걸 기억하라. 만일 당신이 계획을 세워 추진한다면 당신은 매주 2시간에서 많게는 10시간의 생산적인 시간을 창조해낼 것이다. 그리고 당신이 어떤 한 가지의 목표를 설정하는 방법을 배운다면 다른 여러가지 목표를 설정하는 요령 또한 터득하게 될 것이다. 그 목표들이 상호작용해서 앞으로 당신의 인생에서 여러 측면과 끊임없이 연관되어 나타나며 한 목표에서 또 다른 목표를 잉태하게 될 것이다. 바로 이런 사실들을 스스로 알아가는 것은 매우 기분 좋은 일이 아닐까?

작은 일에도 감사하는 마음을 가져라

다른 사람들에게 자신의 가장 소중한 것을 베푼다면 당신 또한 그들한테서
그들의 가장 소중한 것을 얻게 된다. ―하비 파이어스톤

내 아내는 내가 아는 사람 중 가장 배
려심이 깊은 사람이다. 그녀는 낯선 사람과도 짧은 시간 내에 친해지는
보기 드문 재주가 있다. 무척 아름다운 미소를 지을 줄 아는 그녀는 사
람들과 이야기를 나눌 때 역시 항상 밝은 모습이었다. 유명 인사와 함께
한 자리에서뿐만 아니라 살아남으려고 발버둥치는 사람과 이야기를 나
눌 때도 늘 한결같다. 오늘 아침에 있었던 일만 봐도 그녀가 얼마나 사람
을 좋아하며, 사람들 역시 그녀를 얼마나 좋아하는지를 금방 알 수 있다.
한 가난한 인도인이 본국으로 돌아간다면서 내 아내에게 선물을 주었는
데 비록 값비싼 선물은 아니지만, 아내가 그 동안 자신에게 베풀어 준 사
려 깊은 배려와 친절에 감사의 표시라는 것이다. 아내는 받지 않겠다고
극구 사양했지만, 그 사람은 내 아내의 친절과 호의에 너무 감사하는 마

시도하지 않으면 아무것도 할 수 없다

음이 들어 반드시 감사의 증표를 주고 싶다고 말했다. 아내와 난 얼마 전 금혼식(결혼 50주년 기념식)을 자축했다. 그 오랫동안 나는 어떤 종류든, 어떤 값어치가 있든, 아니 크기가 어떻든 간에, 본국으로 돌아가는 그 가난한 외국인이 준 그 선물을 받았을 때처럼 내 아내가 기뻐하는 모습을 본 적이 없었다. 아내는 그 선물을 받고 무척 감동했고 진실로 기뻐했다. 내가 아내를 사랑하는 이유 중의 하나가 바로 그런 모습 때문이다. 작은 것에도 기뻐하고 감사할 줄 아는 것. 내 아내가 많은 사람에게 인기 있는 이유도 바로 거기에 있기 때문이다.

당신의 마음가짐이 당신의 위치를 결정한다

당신이 생각하는 수준 그 이상으로 오를 수 없으며,
반대로 당신이 생각하는 데까지는 오를 수 있다.

글렌 반 예케렌은 그의 저서 〈스피커
즈 소스북〉에서 마이너 리그 야구가 한창 인기 좋던 시절에 텍사스 야구
리그 소속이었던 샌안토니오 야구팀과 조시 오레일리에 관해 아주 흥미
로운 이야기를 소개하고 있다. 그들은 팀 주전 선수 9명 전원이 3할대 타
자였고 그래서 모든 사람이 리그 챔피언을 차지할 '가장 강력한 후보'로
생각했는데 갑자기 팀 전체가 이유를 알 수 없는 슬럼프에 빠지는 불운이
닥쳤다. 그때 오레일리는 각 지역을 돌며 설교와 강연을 하는 슬레이터
목사가 '기적을 일으키는 능력을 지닌' 사람이라는 소문을 듣게 되었다.
순간 오레일리는 뭔가 영감이 떠올라 자기 팀이 갖고 있는 모든 야구 방
망이를 바퀴 하나짜리 손수레에 싣고 슬레이터 목사를 만나러 갔다. 얼
마 뒤 돌아와서, 그는 모든 야구 방망이가 슬레이터 목사를 통해 축복을

받았다고 팀 선수 전원이 모인 자리에서 말했다. 마침내 그들은 자기 팀이 승리하리라는 확신을 갖게 되었다. 그 결과, 그야말로 기적이 일어났다. 하지만 우습게도 슬레이터 목사가 그 야구 방망이를 보았는지, 보지 못했는지 그 진위 여부를 정확하게 아는 선수는 한 명도 없다. 정말 슬레이터 목사는 그 방망이를 보고 축복을 내려줬을까? 글쎄, 그렇다고 생각할 수도 있겠지만, 대부분의 사람들은 그렇게 생각하지 않았다. 그러나 오레일리가 선수들의 정신과 마음가짐에 무언가 변화를 준 것만은 확실하다. 그렇다. 당신의 마음가짐이 진정 변화를 가져오게 한다.

진정한 애정이 깃든 질타를 받아들여라

당신이 누군가를 내리누른다면 당신도 그렇게 된다.
상대방을 높이지 않고서는 당신도 높게 될 수 없다. – 마리안 앤더슨

살다보면 우리 주위에서 이상하면서
도 흥미로운 한 가지 사실을 발견하게 된다. 부모들이나 교육자들, 혹은
고용주나 지도자들은 흔히 이런 말을 하곤 한다.

"너희를 위해 내가 얘길 하나 해주마." 그런데 그들은 그렇게 말해 놓
고는 달콤한 말보다는 그와 반대되는 이야기를 하려고 한다. 몇 년 전 시
드니 해리스가 이런 질문을 해 왔다. "정말 이상하지 않습니까? 누군가
에게 '널 위해 내가 이렇게 하는 거야'라고 말하면서, 사실은 그렇지 않은
행동을 한다는 것 말입니다." 그러고는 그는 자신이 던진 질문을 곰곰이
생각하더니 또 이렇게 말하더군요.

"전 모르겠습니다. 좋은 이야기를 해주겠다고 하고선, 왜 그렇게 하지
않는 걸까요?"

나는 그것을 이해할 수 있다. 그 말을 오해해서는 안 된다.

나는 우리 모두에게 이따금씩은 '엄한 말로 타이르는 사람'이 필요하다고 믿는다. 바로 그들이 상황마다 우리의 실수를 예리하게 지적해 준다. 어쨌든 분명한 것은 그때의 훈계나 메시지는 진정 우리와 우리의 행동을 염려해서 나온다는 것이다. 세상에는 우리가 생각하는 것보다 훨씬 더 멀리, 훨씬 더 깊이 생각하는 사람들이 수두룩하다. 누군가에게 용기를 북돋워 주는 사람은 언제나 상대방에게 '널 위해 내가 한마디 하겠다'라고 말한다. 그러고는 듣기 좋은 달콤한 말보다는 쓰디쓴 훈계를 하는 것이다.

남보다 앞서갈 수 있는 비결은
지금 당장 시도하는 것이다

정상으로 오르는 길은 수많은 갈등과 난관으로 가로막혀 있다.
성공한 사람에게 물어 보아라. 그들의 비결은 일단 시도해 보는 것이다.

"별로 내키지 않는걸."

당신도 아무 생각 없이 이런 말을 해본 적이 있을 것이다. 그것도 한두 번이 아닌 여러 번 해보았을 것이다. 물론 하나의 예지만, 이런 표현은 단지 컨디션이 좋지 않아서 나오는 소리는 아닐 것이다. 해야 할 필요가 있는데, 혹은 꼭 해야만 하는 일인데도 행동으로 옮기기가 싫어서 이렇게 말하곤 한다.

마음에 내키지 않는 일을 해야 하는 때는 항상 갈등이 따르기 마련이다. 그러나 문제는 우리가 과연 그 감정을 신뢰할 수 있느냐는 것이다. 운동 경기로 예로 들어 보면, 쉽게 이해가 될 것이다. 특히 어떤 운동 경기든 참여해 본 경험이 있는 사람은 알 것이다.

경기에 출전하고 싶은 생각이 없는데도 코치 선생님을 화나게 하고 싶지 않아서, 혹은 소속돼 있는 팀에서 쫓겨나지 않으려고, 투덜거리면서도 어쨌든 준비하고 운동장에 나가 경기를 하는 때가 있다. 그러나 일단 행동으로 옮기고 나면 곧바로 기분이 나아지는 것을 느껴본 적이 있을 것이다. 그리고 계속해서 행동으로 옮기면서 더욱더 기분이 좋아지는 것을 체험했을 것이다. 그러면 일단 성공이다.

내 조언은 간단하다. 행동으로 옮겨라! 그러면 그렇게 하길 정말 잘 했다는 생각이 들 것이고, 그것에 대한 느낌이 좋은 쪽으로 바뀔 것이다.

자신의 기록을 체크하라

끊임없는 훈련만이 챔피언을 만든다.
조금이라도 부주의해지면 곧 이 말의 중요성을 실감하게 된다.

사전을 찾아보면 '훈련'의 뜻은 '지도하고 교육하는 것이며, 정신적인 무장과 정확한 원리와 올바른 습관을 길러주는 것이며, 지도에 따라 미리 준비하는 것'이라고 정의하고 있다. 작가 시빌 스탠튼은 '진정한 훈련이란 당신의 등에 달라붙어 귀찮게 구는 존재도, 강박관념도 아닌, 당신 옆에 나란히 서서 슬쩍 팔꿈치로 찌르며 격려하는 것'이라고 했다.

위대한 바이올린 연주가 아이작 스턴은 이런 질문을 받은 적이 있다고 한다. "천부적인 재능은 타고나야만 하는 것인가요?"

이 질문은 성공적으로 공연을 마친 뒤에 다름 아닌 자신이 자신에게 던진 질문이었다. 그에 대한 대답은 '아니다'라고 했다. 타고난 재능도 물론 중요하지만, 그가 더욱 중요시 생각하는 것은 음악가는 만들어진다는 것이다. 이것은 바로 훈련과 피나는 노력이 그만큼 중요하다는 말이다. 위대한 음악가가 되려는 자질은 바로 훈련이다. 아무리 훌륭한 재능을 타고났더라고 훈련과 노력이 뒷받침되지 않으면 아무 소용이 없다. 누구에게나 잠재력은 있다. 바로 그 잠재력을 키워야 한다. 로이 L. 스미스는 '훈련이란 재능을 능력으로 변화시켜 더욱 정제하는 것'이라고 말했다. 또한 전 국방 장관이었던 도널드 레어드는 '오직 자기 자신이 얼마나 담금질했느냐 따라 훨씬 더 많은 일을 하게 한다'고 말했다. 훈련에 매진하라! 그리고 남들이 하지 않는 것을 지금 당장 시도하라! 그러면 남들이 가질 수 없는 것을 당신은 내일 갖게 될 것이다.

바른 길이 최선의 길이다

쭉 뻗은 길에서 길을 잃어버리는 사람은 없다.
– 에이브러햄 링컨

몇 년 전, 유가증권법 위반 행위로 솔로몬 브라더스 사와 연관된 스캔들이 있었다. 당시 상황이 무척 심각했기 때문에 많은 사람은 정부가 회사를 폐쇄시키지 않을까 염려하기에 이르렀다. 만약 그렇게 된다면 그 여파 때문에 천문학적인 손해가 날 판국이었다. 개인으로서는 솔로몬 브라더스 사의 주식을 가장 많이 갖고 있던 워런 버핏에게는 상황이 급해졌다. 그래서 정부의 요인들을 만나 도와 달라고 요청했다. 그간 워런 버빗은 회사 운영에 적극적으로 참여하지 않았지만, 앞으로 어느 정도 상황이 안정될 때까지 적어도 1년 동안은 회사 운영에 적극적으로 참여하겠다고 정부와 약속했다.

이 사건에서 가장 문제가 된 일은 솔로몬 브라더스 사 대표자들이 불법적인 활동을 통해 수차례에 걸쳐 평균적으로 25만 달러씩을 챙겼다는 것

시도하지 않으면 아무것도 할 수 없다

이다.

　이런 상황을 보면 어린 시절 어머니가 수차례에 걸쳐 하시던 말씀이 생각났다. 어머니는 "바른 길이 최선의 길이다." 라고 늘 나에게 일러주셨다. 워런 버빗 씨는 항상 현재의 주가가 아니라 그 회사의 경영 상태를 보고 투자하는 인물로 알려졌다. 그는 남자든 여자든 능력 있고 성실한 사람이라면 고수익의 비즈니스를 해내리라는 점을 잘 알고 있다. 그렇다, 성실성은 분명히 미래에 대가를 보상받는다.

칭찬은 우리 모두에게 진정한 승리를 안겨준다

남들의 호감 없이는 진정한 칭찬을 들을 수 없다. 그리고 당신 자신에
대한 호감 없이는 당신은 그 누구에게도 진정한 칭찬을 할 수가 없다.

누군가를 가르치고 동기를 부여하는
데 당신이 사용할 수 있는 가장 효과적인 도구 중 하나가 진심에서 우러
나오는 칭찬이다. 진심어린 칭찬일수록 그 효과는 더 커진다. 불행하게
도 우리 중엔 너무도 많은 사람이 진심어린 칭찬을 할 줄 모르고 그냥 지
나쳐 버리기 일쑤이다. 사업을 하는 데도 그렇고 일상생활이나 가족 간
의 생활에서도 마찬가지이다.

끊임없이 칭찬 게임을 해보자.

당신은 새로 사 입은 외투에 새 넥타이를 매고 보란 듯이 걸음걸이로
근무를 끝내고 집에 들어온다. 그러면 사랑하는 당신의 부인은 현관문
앞에서 당신을 맞이한다. 당신의 당당한 모습을 본 부인의 두 눈은 점점
더 휘둥그레지며 한마디 한다.

"여보, 외투와 넥타이가 너무 잘 어울리네요.(잠시 멈춤) 너무 잘 어울려요."

분명한 것은, 심술궂은 칭찬은 단 한 번으로도 심각한 상처를 받을 수 있다는 것이다. 그리고 그것이 지속적으로 계속한다면 급기야는 결정적인 상처를 줄 수도 있다. 그것은 부분적일 뿐만 아니라 전체적인 상처이다. 칭찬을 나누는 데 망설이는 이유 중의 하나는 그것이 잘못 받아들여질지도 모른다는 염려 때문이다. 우리는 진정으로 칭찬을 하고 싶지만, 종종 칭찬이 상대에게 잘못 받아들여질지도 모른다는 염려 때문에 칭찬을 나누지 못한다.

어쨌든 그 결과는 뻔하다. 진정한 칭찬을 나누지 않는다면 양쪽 모두 힘들어지는 손실을 보게 되지만, 서로 진심어린 칭찬을 나눈다면 그것은 두 사람 다에게 승리를 안겨준다.

태도의 변화가 행동의 변화를 가져온다

당신이 기쁘고 긍정적인 생각을 갖고 다른 사람들을 대하기로
마음먹고 그대로 행한다면, 당신 또한 다른 사람들로부터
그와 같은 대접을 받게 될 것이다.

언젠가 내 아들 톰과 함께 애리조나에 있는 피닉스에서 집으로 가려고 하고 있을 때 일이다. 싸락눈이 내리고 있어서인지 교통 체증이 매우 심각했다. 공항 터미널 건물 안으로 들어서자 그 안은 천여 명이 넘는 사람으로 가득했다. 그들 대부분은 제정신이 아니었다. 우리는 탑승권을 받으려고 줄을 섰다. 피부가 말끔한 직원이 우리 앞에 있었는데 그의 얼굴은 계속 붉으락푸르락했다.

어쨌든 아들과 난 탑승권을 받으려고 한 발 앞으로 나아가 여느 때처럼 그 직원에게 반갑게 인사를 했다.

"안녕하십니까? 정말 좋은 아침이 아닙니까?"

그 젊은 직원은 나를 힐끗 쳐다보고는 심히 빈정대는 말투로 대답했다.

"저에게 하신 말씀입니까?"

나는 웃음 띤 얼굴로 대답했다. "우리 주위에는 직업이 없고, 입을 옷이 없는 사람, 혹은 편안하게 일할 수 있는 공간이 없는 사람들도 많죠. 그리고 마음대로 여행하거나 뭔가를 경배할 자유가 없는 나라에 사는 사람들도 있습니다. 어떠세요? 그 사람들보단 낫지 않을까요?"

인간이 얼마나 변할 수 있는지 보라!

그는 하얀 이를 드러내며 씩 웃었다. 그러고는 이렇게 대답했다. "일이 무척 많군요, 하지만 훨씬 좋아지고 있습니다. 그리고 저를 일깨워 주셔서 대단히 감사합니다."

그 젊은 직원의 태도 변화는 그의 행동에 커다란 변화를 가져왔다.

정열이 있는 한 늙지 않는다

당신의 모든 경이로움이 사라지기 전까지는 늙었다고 말하지 말라.
– 미상

　　　'늙었지만 젊은 시민'의 한 사람으로서 나는 급속도로 변모해 가는 현대 사회의 일원이라는 데 종종 진정한 기쁨을 맛보곤 한다. 올해로 고희(70세)를 맞은 나는 나이를 먹을 만큼 먹은 셈이다. 그러나 보통 사람들이 내 나이 또래의 사람들에 관해 일반적으로 갖는 견해를 나 역시 똑같이 갖고 있다면 그것은 나의 '태도'가 잘못된 것이다. 솔직히 말해서 나는 비록 나이가 들긴 했지만, 그렇다고 해서 일을 뒷전으로 미뤄놓은 적은 없다고 자부한다. 오히려 내가 마흔다섯 살에 했던 것보다 일흔이 된 지금 더욱 정열적으로 활동하고 있다. 1870년대, 비스마르크가 독일의 수상으로 있던 시절에 그는 65세 이상의 모든 사람을 자신의 강력한 적으로 간주했다. 그래서 그는 의회를 통해 65세가 되는 사람은 무조건 퇴직시키는 법을 통과시켰다.

지혜와 경륜이 최고조에 이른 사람들을 일선에서 물러나게 하는 것은 얼마나 큰 비극일까! 그것이 과연 이치에 맞는 타당한 일일까?

윈스턴 처칠은 65세 때 수상이 되어 히틀러에게 항전하기 시작했다. 그리고 그의 여든일곱 번째 생일날 한 젊은 기자가 이런 말을 했다고 한다.

"처칠 경, 100번째 생일날에도 이렇게 건강하시기를 바랍니다."

그러자 처칠도 곧바로 이렇게 대답했다고 한다.

"자네도 그렇게 되기를 기원하네. 아주 건강해 보이는군!"

신과 세상은 이런 사람을 필요로 한다

조화와 마음의 평화는 유행이나 경향과 상관없이 항상 같은 방향을 가리키는
도덕적 나침반을 따르는 데서 찾을 수 있다. —테드 코펠

캔자스 주 상원의원인 프랭크 칼슨은
이런 글을 썼다.

신과 세상은 이런 사람을 필요로 한다. 결함을 메꿀 수 있는 사람, 이익
만을 좇지 않는 사람, 정직한 사람, 겉과 속이 견실한 사람, 진실한 마음
을 가진 사람, 시종일관 변하지 않는 양심을 가진 사람, 하늘이 무너지고
땅이 꺼져도 정의를 추구할 줄 아는 사람, 진리를 말할 줄 아는 사람, 세
상을 바로 볼 줄 아는 사람, 교만하고 허풍 떨지 않는 사람, 어려움에 직
면해도 물러서거나 나약해지지 않는 사람, 묵묵히 용기를 낼 줄 아는 사
람, 조용하고 진지하게 그리고 강하게 인생을 지속적으로 운영해 나갈
줄 아는 사람, 자신이 해야 할 말이 무엇인지를 알고 그것을 말할 줄 아
는 사람, 자신이 처한 위치를 알고 거기서 더욱 발전해 나가는 사람, 자

시도하지 않으면 아무것도 할 수 없다

신이 하는 일을 알고 그것에 참여할 줄 아는 사람, 거짓말하거나 부정한 방법으로 남을 교묘히 속이지 않는 사람, 너무 게을러 자신이 해야 할 일을 못하거나 너무 자만해서 빈곤한 상황에 처하지 않을 사람. 칼슨 상원의원은 오늘날 미국에서 진정으로 필요로 하는 사람을 이처럼 묘사했다. 중요한 것은 그가 언급한 모든 것을 스스로 깨닫고 배워 생활화해야 한다는 점이다. 무엇보다도 그 교육은 가정에서 이루어져야 하며, 학교에서 더욱 강화되어야 하고, 비즈니스계에서 자리를 잡아야 하며, 정치권에서 실행해야 한다.

세상을 사는 동안 기회는 항상 있다

뛰어난 사람들에겐 절대적인 사명감이라는 한 가지 공통점이 있다.

미시시피 주 폰토톡에서 태어나 그곳에서 유년 시절을 보낸 아프리카계 미국인 청년 제임스 어셔는 세상을 사는 동안 기회는 얼마든지 있다고 믿었다. 그는 기회가 주어지지 않으리라는 생각을 결코, 한 번도 해본 적이 없었다. 열두 살 때, 그는 자기 집 건너편에 사는 가장 친한 백인 친구 스티브와 함께 정원의 잔디 깎는 일을 하며 주급으로 160달러를 벌었다. 스티브의 어머니 콜린 화이트 부인은 제임스에게 친절히 잘 대해 주었고, 뒤에서 알게 모르게 그를 많이 도와주었다. 유년 시절 제임스 어셔는 학급에서 '성공할 가능성이 가장 적은' 학생으로 꼽혔다. 그러나 오늘날 그는 유능하고 촉망받는 젊은이가 되어 몇 개의 사업체를 운영하며 동기부여를 잘 하는 뛰어난 강사로, 그리고 전문 교육관으로 활동하고 있다. 그는 현재 여러 학생에게 장학금을 주고 있으며 재정적인 지원을 필요로 하는 사람들에게도 도움의 손길을 뻗고 있다. 그러나 자신의 업적이나 성과에는 무척 겸손한 자세를 보였다. 몇 년 전 그의 목표는 35세까지 부자가 되어 자신의 남은 인생을 다른 사람들이 꿈을 세우고 그 꿈을 이루도록 도우며 사는 것이었다. 제임스가 가장 염려하는 것 중 하나는 자기와 같은 피부색을 가진 많은 사람이 부정적인 시각을 가지고 살아간다는 사실이다.

너무나 많은 사람이 아무런 희망도 없이 살고 있다. 바로 그들에게 용기를 주고 교육을 시켜야만 한다. 그래야만이 그들의 삶을 변화시킬 수 있다. 제임스 어셔는 우리 모두의 본보기이다.

인격적인 면에서의 실수는 변명의 여지가 없다

어떤 문제에 직접 뛰어들었다고 해서 늘 그 문제가 해결되는 것은 아니다.
그러나 문제에 직접 맞서지 않고서는 절대로 그 문제를 해결할 수 없다.
–제임스 볼드윈

마이애미 허리케인즈는 대학 풋볼 팀 중에서 명문 팀으로 유명했지만, 구제불능 선수들의 집합체로도 유명했다. 당시 그들은 코칭스태프를 이끌 지도자로 전 댈러스 카우보이즈의 수비 전담 코치였던 버치 데이비스를 영입했다. 그의 사람 다루는 능력과 선수들을 관리하는 재능은 정말 뛰어났다. 그가 감독으로 임명된 뒤로 제일 처음으로 한 일은 선수들의 인성 교육이었다. 그는 선수들이 경기장 밖에서 보이는 행동은 그들이 실제 경기장에서 경기를 펼치는 데 직접적인 관련이 있다고 강조했다. 1996년 시즌 중에만 데이비스는 무려 11명의 선수를 출전 정지시켰다. 그중 한 명은 미국에서 최고로 꼽히는 선수였고, 다른 몇몇 또한 주전 선수들이었다. 이런 조치는 팀 내의 선수들에게 분명한 메시지로 전달되었으며, 나아가 미국 전역의 고등학교 졸

업반 선수들에게도 대단한 반향을 불러일으켰다.

　오늘날 인성을 중시하는 데이비스 감독의 태도를 보고 고등학교 최고의 선수들이 마이애미 팀으로 가고 있다. 데이비스 감독은 선수들을 선발할 때 '재능을 발휘하는 과정에서 발생하는 실수는 용납할 수 있어도 인격적인 면에서 실수를 범하는 것은 절대 용납하지 않는다'라고 말했다. 그는 경기를 승리로 이끌려고 젊은 선수들을 훈련시킨다. 그러나 더욱더 중요한 것은 그들의 앞날을 준비도 시키고 있다는 사실이다. 바로 그것이 데이비스 코치의 승리하는 접근법이다.

당신의 가장 친한 친구는 당신의 배우자여야 한다

인류를 사랑하는 것보다는 바로 당신 곁에 있는 사람을 사랑하는 것이 더 고귀하다.

행복한 삶을 누리는 열쇠는, 부부가 서로 간에 로맨틱한 마음을 계속 유지하는 것도 좋지만, 남자와 여자가 서로 다르다는 것을 이해하는 데에 있다. 이를테면, 남편들한테는 텔레비전에서 어떤 드라마를 하는지는 관심의 대상이 아니라는 것을 분명히 이해해야 할 필요가 있다. 남편들은 텔레비전 이외의 것에 더 관심이 많다. 집에서 가장 중요한 공간, 그리고 가장 로맨틱한 공간은 침실보다는 그 외의 공간인 부엌, 작업실, 서재, 혹은 세탁실 등이다. 바로 그런 공간에서 부부는 서로의 우정을 나누고, 참다운 관계를 형성하며, 이런저런 대화를 나누게 된다. 그리고 당신은 배우자에게 단순한 섹스 파트너가 아닌 그 이상의 인생 파트너라는 사실을 인정해야 한다. 정열의 불꽃은 순식간에 화려하게 타오르나 몇 년 안 돼 시들어 버리지만, 돈독한 우정의 불꽃은 시간이 갈수록 점점 더 아름답게 타오른다. 결혼한 지 50년이 된 사람으로서 단언컨대 내 아내는 예나 지금이나 여전히 아름답다. 우리는 요즘전보다 더 많은 이야기를 나눈다. 오늘 아침, 아내는 나를 포옹하면서 오늘 저녁 7시 30분에 아이스쇼가 시작한다는 것을 상기해 주었다. 그래서 나는 곧바로 5시경에 외출해 좋은 자리에 차를 주차해 놓고 함께 저녁을 먹자고 제안했다. 그러자 아내는 활짝 웃으면서 내 제안에 동의했다.

"여보, 멋진 데이트가 되겠군요!"

로맨틱한 분위기를 지속적으로 유지하는 방법은 바로 이런 것이 아닐까?

팀 플레이를 하라

성공이란 사람에 대한 진정한 관심과 이해 사이의 차이점을 명확히 아는 것이다.

농구 역사에서 마이클 조던이 이룬 업적은 이미 여러 매체들을 통해 전 세계에 잘 알려졌다. 거의 신기에 가까울 정도로 완벽한 플레이를 하는 그의 명성이 비단 어제 오늘의 이야기가 아니기 때문에 대부분의 사람들은 그가 이룬 성과에 관한 기사를 대충 훑어보기 일쑤이다. 그 정도로 조던의 능력은 대단하다. 그의 그런 능력은 결정적인 골 득점 기회를 만들어 내는 자신의 능력에 자신감을 갖고 있기 때문에 나온다. 위급하고 결정적인 상황에서도 조던은 공을 어떻게 처리해야 할지를 두 번 생각하지 않는다. 또한 그는 그런 순간순간을 즐긴다. 그러나 마이클은 자신이 더블 팀(상대팀의 두 명의 선수가 동시에 한 선수를 막는 것)에 걸렸을 때면 팀 동료에게 망설임 없이 패스한다. 그런 조던의 신뢰는 팀 동료 선수들의 자신감까지 고취시킨다. 지난 97년, 시카고 불

시도하지 않으면 아무것도 할 수 없다

스와 유타 재즈와의 플레이오프 시리즈 경기를 살펴보면 그런 상황을 더욱 잘 확인할 수 있다. 그 시리즈 경기 중 가장 중요한 플레이는 시카고에서 열린 6차전 시합에서 나왔다. 경기 종료를 5초 남긴 상황에서, 조던은 상대 선수들에게 밀착 마크를 당하고 있어 슛을 날릴 수가 없었다. 그러자 그는 주저 없이 볼을 스티브 커에게 패스했다. 볼을 받은 커는 프리드로 라인 밖 35미터에서 3점짜리 점프슛을 날렸다. 조던은 동료 선수인 스티브 커를 믿었다. 그 신뢰는 커가 슛을 날릴 기회를 주었고 그것은 곧바로 득점으로 이어졌다. 시카고 불스 팀은 그 경기의 승리로 시리즈에서 우승했다.

이것이 바로 팀플레이이다. 어느 한 개인의 득점이나 화려한 플레이도 중요하겠지만, 무엇보다도 팀이 승리해야 그 빛이 더욱 발한다는 사실을 꼭 기억해야 한다.

가정은 최초의 학교이며, 최고의 학교이다

현명한 결정은 충실한 인격을 갖춘 자에게서 나온다.
인격은 끊임없이 우리의 인생에 중요한 영향을 미치는 것이다.

가수이자 작가였던 에른슈타인 슈만
하인크 여사는 다음과 같은 진지하고 사려 깊은 글을 통해 우리 모두의
심금을 울렸다.

가정은 어린이와 청소년에게 최초의 학교이자 교회이다. 그들은 무엇
이 옳고 그른지를, 무엇이 선이고 무엇이 악인지를 가정에서 배운다. 그
리고 어떤 것이 예절바른 행동이고 어떤 것이 무례한 행동인지도 가정에
서 배운다. 또한 그들은 상처입거나 몸이 아플 때 가정에서 안락함과 위
안을 얻기도 한다. 또한 가정에서 기쁨과 슬픔을 나눈다. 아버지와 어머
니가 존경받는 가정, 아이들에게 진정으로 필요한 곳은 바로 그런 공간
이다. 돈보다는 애정이 더 중요한 곳, 행복의 주전자가 노래하는 곳, 바
로 그곳이 가정이다. 여러분에게 신의 은총이 가득하길.

불행히도 오늘날 세태에서는 가정다운 가정을 찾아보기가 쉽지 않는다. 상당수의 부모들은 아이들에게 안식처를 주지 못하고 있고, 자녀들의 안내자 역할 역시 못하고 있다. 그리고 아이들이 앞으로 행복해질 수 있게, 사회에 꼭 필요한 일꾼으로 성장할 수 있도록 충분한 사랑과 보살핌을 제공하지 못하고 있다. 의·식·주, 이 세 가지는 어린이들에겐 참으로 중요한 요소들이다. 그러나 그것에 못지않게 중요한 것이 바로 사랑과 애정이다. 가정에서는 아이들에게 처음부터 윤리적, 도덕적 가치관을 가르쳐야만 한다. 건실한 인격을 기반으로 한 가정에서 자란 어린이들이 성장해서도 남들보다 먼저 성공할 수 있다.

성공의 무한동력은 끊임없는 동기부여이다

동기부여는 끝까지 버텨내는 데 필요한 자신감을 갖도록
우리에게 연료를 공급해 주는 역할을 한다.

한 축구팀이 상대팀을 압도하면서 경기를 진행해 가고 있었다. 그런데 패색이 짙던 상대팀에 갑자기 변화가 일어나기 시작했다. 그간 열세를 보이던 팀의 선수들이 갑자기 자신감을 갖더니 활기를 띠기 시작한 것이다. 할 수 있다는 믿음, 이길 수 있다는 자신감에서 나오는 희망의 연료를 공급받은 것이다. 그들은 승리감을 느끼고 있었다. 그리고 그 느낌은 곧바로 어리둥절해하는 상대 선수들을 통해 더욱 강한 확신으로 다가왔다. 이미 몇몇 선수들은 '아, 곧 역전되겠구나!' 하고 자신하게 되었다. 인생도 그와 같다. 뭔가가 긍정적으로 되어 간다고 생각되면 그때부터 자신감을 갖게 된다. 그런데 우리는 종종 일이 잘 풀리지 않고 자꾸 꼬이게 되어 불안감을 느끼면서 부정적인 결과가 나타나게 되리라는 생각에 사로잡히며 자신감을 잃는다. 바로 그렇기 때문에 좋을 때만큼이나 나쁜 상황일 때도 동기부여가 그만큼 중요하다. 시간에 맞춰 식사를 하듯, 인생을 최대한으로 즐기기를 원하는 사람은 우리의 마음에 규칙적으로 동기부여를 해줘야만 한다. 새로운 아이디어의 고취나 주입, 자신감을 세우고자 하는 의지, 혹은 이치에 맞는 사고는 당신에게 활력을 불어넣어 주고 당신 내부에 새로운 동기를 마련해 줄 것이다. 당신이 그렇게 상승세를 타게 되면 어떤 일을 하더라도 더 잘 해낼 수 있으며 더욱 많은 것을 얻게 될 것이다. 그렇게 되면 당신은 마침내 동기부여에 관한 보장을 받게 되는 셈이다. 어떤 어려운 상황이 부닥쳤을 때 그것을 극복하고자 하는 의지는 다음 상황을 어떻게 헤쳐 나가느냐에 매우 중요한 역할을 하게 된다는 것을 잊지 마라!

아름다운 이 지구에서의 휴가에 감사하자

우리가 지금 가진 것에 감사할 줄 안다면 우리는 앞으로 감사하게
될 일을 더 많이 맞게 될 것이다.

정신의학자 루이스 캐디는 최근 자신
이 발표한 저서에서 이런 내용을 전했다.

어떤 것에 관해서도 감사하지 않는다는 것은 신을 믿건 그렇지 않건 간
에 자신 이외의 그 어떤 것에도 감사할 것이 없다는 말과 같다. 이에 해
당하는 사람은 자신을 허무주의의 수렁으로, 절망의 구렁텅이로, 자기
연민으로, 자신만의 고립된 공간 속으로, 그리고 우울로, 마침내는 죽음
으로 치닫게 할 것이다. 만일 우리가 그 어떤 것에도 감사하는 마음을 느
끼지 않는다면, 해마다 새로 피어나는 꽃과 나무 그리고 우렁찬 소리와
함께 탄생하는 어린 생명의 기적에 관한 경이로움과 감사는 무엇인가?
그리고 부모님의 사랑과 헌신에 관한 존경과 찬미는 무엇인가? 또한 우
리가 가고 싶은 곳 어디든지 갈 수 있게 하고, 우리가 하고 싶은 운동을

시도하지 않으면 아무것도 할 수 없다

가능하게 하는 우리 육체의 고마움을 생각해 보았는가? 당신은 '지구에서의 아름다운 휴가'를 즐기며 이 세상에서 살아가고 있다는 생각을 해봤는가?

캐디 박사는 우리 모두에게 진정 어떤 것에 감사하며 이 세상을 살아가야 할지를 상기해 주고 있다.

칭찬은 이자를 쳐서 돌아온다

우리는 인생에서 꼭 필요한 것 중 하나는 우리가 진정으로 원하는 대로
될 수 있도록 격려를 아끼지 않는 친구이다.
- 랄프 왈도 에머슨

토머스 에디슨이 67세 때의 일이다.

멘로 파크에 있는 그의 보험에도 들어놓지 않은 공장에 불이 나 삽시간
에 싸늘한 잿더미로 변해 버렸다. 그런 에디슨에게 헨리 포드가 나타나
75만 달러짜리 수표를 내밀며 이자는 받지 않을 테니, 돈이 더 필요하면
언제든지 말만 하라고 했다. 당시 헨리 포드는 성공한 공장주였고, 에디
슨 또한 저명한 발명가로 이미 정평이 나 있었다.

질문 : "포드는 왜 그렇게 관대하고 너그러웠을까?"

대답 : "포드가 젊은 발명가였을 때, 에디슨은 전동차에 관한 연구로
바쁜 시간을 보내고 있었습니다. 바로 그때 에디슨은 포드가 자동차 가
솔린 엔진을 연구를 하고 있다는 것을 알았습니다. 한 번은 포드가 에디

슨을 찾아가서 자동차가 어떻게 작동하는지를 수없이 질문을 던졌다고 합니다. 마침내 포드가 자리에서 일어서려고 할 때 에디슨이 포드에게 이렇게 말했다고 합니다. '이보게, 자넨 지금 대단한 일을 하는 것 같군. 자네에게 그 일을 더 열심히 하라고 적극 권유하고 싶네. 나는 앞으로 우리나라의 교통수단 분야에서 획기적인 혁명이 일어날 것으로 확신하네.'"

나중에 알게 된 사실이지만, 에디슨이 포드에게 전한 격려의 말은 뒤에 그가 가솔린 엔진을 개발하는 데에 더욱더 새로운 노력을 기울이도록 하는 데 적잖은 격려가 되었다고 한다. 우리가 하는 일이 현재로선 그다지 중요하지 않을 수도 있고 그 일이 얼마나 중요한 것인지 까맣게 모르고 있을지도 모른다. 우리의 삶 속에서 다른 사람을 격려하고 하루하루를 충실히 보내는 시간은 언제나 아름답다.

남을 도운 일은 세상을 돌고돌아 더 큰 도움으로 자신에게 돌아온다

다른 사람을 배려하지 못하는 사람은 결코 자기 자신 또한 배려하지 못한다. - 몽테뉴

텍사스 주 포트워스 시에 있는 사우스웨스턴 침례신학 대학교는 세계에서 가장 큰 신학 대학교이다. 그러나 그렇게 커지기까지는 수차례에 걸친 고난의 순간이 있었다. 1930년대는 미국 전체에 경제 공황이 닥쳐 이 신학 대학교도 극심한 재정난으로 전 교직원들에게 급여조차 주지 못했다. 결국, 그 해 9월, 사우스웨스턴의 총장인 스카보로 박사는 남부침례교집행위원회 석상에서 이런 보고를 하기에 이르렀다.

"형제 여러분, 우리는 지난 2년 동안 아무런 급여도 받지 못했습니다. 내년 한 해 역시 마찬가지일 것입니다. 전 저의 부족함을 통감해 이만 사직하도록 하겠습니다. 여기 준비해 둔 사직서를 여러분 앞에 제출합니다." 잠시 침묵이 흘렀다. 바로 그때 남부신학 대학교 총장 셈페 박사가 고요한 침묵

을 깨고 자리에서 일어나 이렇게 말했다. "저희 학교도 지금 넉넉한 상황은 아닙니다. 아마 지금 하려는 말 때문에 제 자리가 위험해질 수도 있겠지요. 저희 남부신학 대학교엔 약간의 기부금이 있어 근근이 꾸려나갈 수 있습니다. 저는 그 기금의 일부를 사우스웨스턴 신학 대학교로 돌리도록 하겠습니다."

이기적이지 않고 남을 배려하려는 마음과 협조가 극심한 재정난을 겪고 있는 한 학교를 살리게 된 것이다. 거의 70년 전에 있었던 그 일은 오랜 세월이 지난 지금에도, 아니 앞으로도 끊임없이 좋은 본보기로 남을 것이다. 당신의 삶 속에서 남을 배려하는 행동을 해보라!

열등감을 만드는 사람은 자기 자신뿐이다

당신의 동의 없이는 아무도 당신을 열등감에 빠지도록 할 수 없다.
– 엘라너 루스벨트

필라델피오 라엘은 뉴멕시코에 있는 가난한 농장에서 태어났다. 그래서 그는 초등학교 3학년까지만 학교에 다니고 학업을 중단해야 했다. 그러고는 어린 나이에 부모를 도와 농장 일을 하면서 생계에 보태려고 땔나무를 주워 모아 팔기도 했다. 나중에 결혼을 해서 여섯 명의 아이 아빠가 된 필라델피오는 그 지역에 있는 제강 공장에서 열심히 일을 했다. 거기서 버는 돈은 겨우 하루하루 입에 풀칠하기에도 빠듯했다. 1969년 8월, 그는 공원 청소를 시작했고 그 일을 시작한 첫날 35달러를 집으로 가져왔다. 필라델피오는 몇 년 동안 쉬는 날 없이 일주일 내내 일했다. 그것도 CF&I 제강 공장에서 풀타임으로 일을 하면서 말이다. 1996년에는 그가 일하던 CF&I 제강 회사에서 대형 폭발 사고가 발생했다. 그 때문에 필라델피오는 심한 상처를 입게 되었다. 그러자 아들에게 공원 환경미화원 자리를 물려주고, 자신은 말 사육을 했다. 의사들은 그가 일을 계속하면 화상으로 입은 상처에 감염이 될 수도 있으니 일을 중단하는 게 좋을 거라고 경고했다. 그러나 그는 지금까지도 말을 가까이 하면서 즐거운 나날을 보내고 있다. 필라델피오와 그의 가족은 기독교인으로서 그가 지금까지 일을 해올 수 있었던 신념이 무엇인지를 알고 있기 때문이다. 나는 그 신념에다 그의 용기와 의지, 끊임없는 노력, 그리고 절대로 쓰러지지 않는다는 굳은 의지가 오늘날의 그를 있게 한 원동력이라고 생각한다.

일단 시작하면 단호한 결단력을 지녀야 한다

승리하는 것이 전부가 아니라 승리에 대한 욕구가 더 중요하다.
– 빈스 롬바르디

나는 미식축구 팀인 그린베이 패커스의 코치인 빈스 롬바르디와 그의 선수였던 짐 링고에 얽힌 이야기를 좋아한다. 롬바르디는 무척이나 엄격한 지도자였다. 역사적으로 보더라도 그 분야에서는 가장 성공한 인물 중의 한 사람일 것이다. 무엇보다도 승리에 대한 그의 의지와 선수들에게서 최고의 기량을 뽑아내는 그의 능력을 높이 평가했다.

1964년, 당시 선수들의 연봉 수준은 오늘날에 비교한다면 비교도 되지 않을 정도로 형편없었는데 롬바르디는 연봉 협상 또한 손수 맡았다. 그는 간단하게 단 한 마디로 이렇게 말했다. "이것이 협상의 결과다. 서명해라." 그러면 대부분의 선수들은 그의 뜻에 따랐다. 그린 베이는 승리의 팀이었고, 월드 챔피언을 위해 뛰는 선수들에겐 특별 수당이 있었다.

그러나 링고는 롬바르디가 제안한 것 이상의 대우를 받을 자격이 충분히 있다고 생각했다. 그래서 링고는 대리인을 대동하고 롬바르디의 사무실을 찾아갔다. 그들을 마주한 롬바르디가 이렇게 말했다. "잠시 실례하겠네, 중요한 전화를 해야 해서." 잠시 뒤, 다시 사무실로 돌아온 롬바르디는 링고와 그의 대리인에게 이렇게 말했다. "자네들은 지금 엉뚱한 곳에 와 있군." 어안이 벙벙해진 그들 두 사람이 다시 롬바르디에게 반문했다. "무슨 말씀이시죠?" "이보게 링고, 자네는 이제 더 이상 우리 팀에서 뛰지 않아도 되네. 자네는 필라델피아 팀으로 이적됐네." 롬바르디는 단호하고 결단력 있는 성격의 소유자로 일단 어떤 일이 결정되면 그대로 밀고 나가는 사람이었다. 결과는 확실하다.

용서는 위험하다

용서는 잘못을 너그럽게 이해해 주는 것이며,
그 잘못을 죄가 아닌 잘못된 행위 그 자체로만 받아들이는 것을 말한다.

'용서는 위험하다.' 여러분 중 상당수
가 이런 말을 들으면 무척이나 의아해 할 것이다. 용서란 인생에서 절대
적으로 필요하다는 걸 알기 때문이다. 그렇다. 당신의 생각이 옳지만, 용
서가 위험하다고 한 이유는 당신을 그릇되게 이용하고 배척하는 사람들
마저 무작정 용서함으로써 당신이 인생에서 성공하는 데 적잖은 걸림돌
이 될 수도 있기 때문이다. 그만큼 용서는 중요한 것이다. 용서는 당신이
취해야 할 가장 중요한 행위 중 하나이다. 마사 토릴리어스는 용서의 해
악에 관해 이렇게 표현했다. "분노의 결과보다 용서의 결과가 얼마나 더
큰 슬픔을 가져오던가!" 반면에 빌 오히언은 용서의 장점을 이렇게 말했
다. "우리는 살아가는 동안 많은 에너지를 얻었습니다. 특히 당신이 누군
가를 사랑할 때마다 많은 에너지를 얻었습니다. 또한 거기서 받은 에너

시도하지 않으면 아무것도 할 수 없다

지의 일부를 누군가에게 제공한다는 것은 참으로 멋진 일입니다." 우리는 용서를 해야 할 뿐만 아니라 그것을 통해서 더욱 아름다운 상황을 만들어 가야 한다. H.G. 웰스(영국 소설가 겸 문명 비평가)는 용서가 수반되어야 하는 이유를 이렇게 말했다. "세상에는 수많은 어려움이 있지만, 그것을 극복한 뒤에는 반드시 기회가 찾아올 겁니다. 이성이 있는 사람이라면 기회를 확신하고 행동해야만 합니다. 그리고 거기에서 얻어진 기쁨이 당장에 어떤 열매를 맺지는 못하더라도 언젠가는 그 기쁨의 결실이 반듯이 당신을 찾아올 것이다."

수많은 '보이지 않는 도움의 손길'이 오늘의 당신을 만들었다

당신이 가진 모든 능력을 최대한 발휘하라.
당신에겐 충분히 그럴 만한 가치가 있다. – 에머슨

당신에겐 두 분의 부모님이 계신다. 그리고 그 두 분에게도 각각 두 분의 부모님이 계신다. 그러니 당신의 부모님은 모두 네 분의 부모님이 있는 셈이다. 그리고 당신에겐 증조부모까지 여덟 분의 부모가 계신 것이며, 고조부모까진 열여섯 분의 부모를 둔 것이며, 5대 조부모까진 서른두 분의 부모를 둔 것이다. 그렇다면 그 계보를 따라 계속해서 쭉 올라가 보면, 각 세대를 평균 25년으로 잡았을 때 간단히 500년간만 생각해 보더라도 당신이 이 세상에 태어나려면 이 지구상에 1,048,576명의 사람이 있었다는 계산이 나온다. 그러면 이번엔 오늘날 당신이 있기까지 당신의 부모님이, 또 스승이, 그리고 당신이 이제까지 먹은 쌀 등을 재배한 농부와 당신이 타고 다니는 자동차를 생산한 근로자가 당신에게 투자한 시간을 계산해보라. 그 시간은 정말 엄청

날 것이다. 거기에다 당신이 다니던 학교, 교회, 사무실, 식료품점, 백화점 등등을 더해보라. 당신이 다니는 길을 포장한 근로자, 당신의 몸이 아플 때 치료해 주는 의사, 그리고 당신이 공부하고 있는 책을 쓴 저자들까지 합하면 그야말로 헤아릴 수 없을 만큼의 어마어마한 수치가 될 것이다. 잠깐만이라도 이와 같은 것을 생각해 본다면, 오늘날 당신이 있기까지 얼마나 많은 사람이 당신을 위해 이바지했는지를 알 것이다. 당신은 그 많은 사람이 당신에게 투자한 대가를 지불해야 할 막대한 책임을 진 장본인이다. 그렇지 않은가?

윈윈(Win-Win)전략을 수립하라

리더십을 열망하는 많은 사람들이 다른 이를 따르는 법을 배우지 못해 실패한다.
그들은 모두 거리에서 전쟁놀이를 하는 아이들과 같다. 모두 조용해 "휴전인 거냐?"하고 물으면 그들은
보통 이렇게 대답한다. "아니, 그건 아닌데요. 우리 모두가 다 장군이기 때문에 아무도
공격하라는 명령을 따르지 않는 거예요."- J.오스월드 샌더스

유명한 유격수, 칼 립켄의 아버지는
아들에게 남다른 관심과 애정을 가지고 있었다. 칼의 아버지는 야구를
할 때면 집엔 전혀 신경 쓰지 못했다. 그래서 그는 시간이 날 때마다 아
들에게 자기가 알고 있는 야구에 관한 지식을 가르쳤다. 또한 집에 있는
날에는 아이들과 대부분의 시간을 보냈다. 칼은 금방 아버지를 이해하게
되었다. 심지어 "야구를 통해 난 아버지와 많은 시간을 함께 할 수 있었
다."라고 말할 정도였다. 아버지가 토요일 오전마다 야구 클리닉에 나가
면 칼은 언제나 따라갔다. 또한 아버지가 하는 일에 관해, 그리고 아버
지가 꼭 승리하리라는 믿음과 자신감을 아버지에게 심어주었다. 칼은 종
종 아버지가 시키지도 않았는데 자발적으로 아버지의 차를 세차하던 날
을 떠올린다. 그렇다. 세차하고 있는 모습을 아버지가 보게 되었을 때를

시도하지 않으면 아무것도 할 수 없다

기억하며 그는 이렇게 말하곤 했다. "아버지와 아들을 서로 연결시키는 것 중 하나가 바로 그런 순간일 겁니다. 아버지는 날 대견하게 생각하셨죠." 칼은 과거를 회상하며 지금도 이런 이야기를 한다. "난 아버지의 얼굴에서 이따금 특별한 표정을 보았던 게 기억납니다. 아니, 여러 번 본 것 같습니다. 특히 내가 홈런을 치고 베이스를 돌아 홈으로 돌아올 때 말입니다."

많은 사람은 우리 모두가 훌륭한 본보기가 되어야 하며 사람들이 그런 우리를 지켜보고 있다는 것을 인식하지 못하고 있다. 우리가 각자 맡은 바 일을 열심히 한다면 우리 모두는 함께 승리하는 것 아닐까?

존중받는 사람이 성공한다

다른 사람을 위해 우리가 할 수 있는 가장 훌륭한 일은 우리가 가진 것을
그들과 함께 나누는 것이 아니라 그들 자신도 모르던
그들의 부(富)를 일깨워 주는 것이다.

가르치기 힘들기로 소문난 학생들을
교육시키는 데에 탁월한 성과를 올린 가필드 고등학교 교사 제이미 에스
칼렌테에 관한 이야기이다. 그의 학급에는 조니라는 이름을 가진 학생이
두 명 있었다. 한 학생은 A+학점을 받는 조니였고, 또 다른 학생은 F학
점을 받는 조니였다. 어느 날 저녁, 학부모들과 교사가 만나는 모임이 있
었다. 한 어머니가 밝은 표정으로 에스칼렌테 선생님에게로 다가와서는
이렇게 물었다.

"제 아들 조니가 요즘 열심히 공부하나요, 선생님?"

에스칼렌테는 F점수를 맞은 조니의 어머니가 그런 질문을 해올 줄은
미처 예상하지 못했다. 그래서 그는 당황해하며, 상기된 얼굴로 A+ 조니
의 성적을 말해 주었다. 바로 그 다음날 아침, F 학점의 조니가 에스칼렌

테 선생님을 찾아와 이렇게 말했다.

"선생님, 제 어머니에게 그렇게 말씀해 주셔서 정말 감사합니다. 이제부턴 정말 열심히 공부하겠습니다. 선생님께서 하신 말씀이 사실이 되도록 말입니다."

학기 말, F학점 조니의 성적이 C-로 올랐다. 그리고 학년 말에 가서는 마침내 우등생 리스트에 오르게 되었다. 만일 우리가 다른 사람들을 이렇게 대한다면 그들은 자신이 할 수 있는 것 그 이상의 성과를 올리게 될 것이다.

기부는 사회적 사명이다

적은 수입에 너그럽지 못한 사람은 풍족한 수입이 손 안에 들어와도
절대로 만족하지 못할 것이다. – 헤럴드 나이

메인 주 사람들이 흔히 말하는 것처럼 베티 노이스는 다른 지역에서 살다 온 외지인이었다. 그녀는 인텔 사 창업자인 남편 로버트와 20여 년을 실리콘 밸리에서 살다가 1976년 결혼 생활을 청산하고는 네 아이를 데리고 그곳을 떠나왔다. 떠나올 때 그녀는 4천만 달러를 손에 쥐고 있었다. 그녀는 마음을 추스르려고 메인 주로 이사와 다른 사람들에게 호의를 베풀며 살았다. 맨 먼저 그녀는 지역 사회 발전을 위해 도서관을 세우고 골프장을 건립했다. 그렇게 하자 사회적 지위와 재산이 동시에 늘어나게 되었다. 그녀는 일에 전념했다. 공영 텔레비전 방송국에 1백만 달러를 기부하려고 했을 때 일이다. 그녀는 그냥 손쉽게 수표를 써 건네주는 대신 건축가와 목수를 고용해서 다섯 채의 건물을 지었다. 그러고는 그 건물들을 팔아 수익금을 기부했다. 변호

시도하지 않으면 아무것도 할 수 없다

사인 그녀의 친구 오언 웰스는 한 기념사에서 이렇게 말했다. "다들 아시는 바처럼, 노이스 여사는 운이 좋아 재산을 모은 것이 아닙니다. 그녀는 열심히 일했으며, 그것을 사명으로 생각하고 계십니다. 그리고 그 재산을 주위 사람들을 위해 쓰고 계십니다. 그녀가 한 행위는 도덕적인 열정의 표현으로, 정말 남들이 하기 힘든 엄청난 일입니다." 그러자 노이스 부인은 이렇게 답했다고 한다. "저는 제가 살고 있는 이 지역 사회가 다른 곳과는 좀 달랐으면 싶었습니다. 이기적인 생각일지는 모르나, 저는 제가 살고 있는 이 지역의 환경이 좀 더 편안하고, 좀 더 쾌적하고, 좀 더 밝은 사회로 변모될 것을 기대하며 제가 가진 재산을 기부합니다. 나아가 그것이 더욱더 넓은 곳으로 확산되어 보다 나은 지역 사회의 발전에 기여하기를 소망합니다." 베티 노이스는 분명 어딘가 다른 사람이었다.

시간 은행에는 이자가 붙지 않는다

당신은 오늘 1,440분의 아름다운 순간들을 어떻게 보낼 것인지를 생각해라.
그리고 그 순간들을 현명하게 보내라.

매년 새해가 시작되면 당신은 시간 은행 계좌에 525,600분을 예치해 둔다. 이 시점에서 중요한 질문을 하나 한다면, "그 시간을 모두 어디에 쓸 것인가?"라는 것이다. 당신은 바로 지금 이 순간에 자신이 보유한 그 귀중한 시간을 어떻게 쓰고 있는가? "시간이 없는데요!"라는 말을 다른 사람에게 몇 번이나 해보았는가? 혹은 다른 사람에게서 몇 번이나 그런 말을 들어보았는가? 최첨단 기계들의 도움으로 과거 그 어느 때보다도 일을 하는 데에서 많은 시간을 절약하는데도 우리는 항상 바쁘고 시간이 없다는 이유로 친구나 가족들과 함께 충분한 시간을 보내지 못하지만, 기계 문명이 덜 발달한 제3세계 나라들은 가정에서 꽤 많은 시간을 보내고 있는 것 같다. 누구에게나 똑같이 하루 24시간이 주어졌는데 왜 누구는 시간을 여유 있게 활용하고, 누구는 '시간이 없다'는 말을 입에 달고 사는 것일까? 우리는 우리에게 주어진 시간을 현명하게 사용하고 있는 걸까? 내가 시간 활용을 제대로 못한다고 남들도 모두 그런 것은 아니다. 분명히 말해서, 우선 당신은 자신에게 주어진 일 중 어떤 것이 우선되어야 할지를 구분해야 한다. 그런 다음 당신의 능력이 허락한 한 최선을 다해 모든 일을 순차적으로 진행하면 된다.

말이 변하면 생각도 변한다

당신의 사고를 관찰하라, 그러면 그것은 말로 변할 것이다.
당신의 말을 관찰하라, 그러면 그것은 행동으로 변할 것이다. 당신의 행동을 관찰하라,
그러면 그것은 습관으로 변할 것이다. 당신의 습관을 관찰하라, 그러면 그것은 당신의
개성으로 변화될 것이다. 당신의 개성을 관찰하라, 그러면 그것은 당신의 운명이 될 것이다.
– 메트로폴리탄 밀워키 YMCA 모토

랍비이자 내 친구인 다니엘 라핀은 자신의 저서인 〈사고의 도구〉에서 우리에게 아주 귀중한 말을 전하고 있다. 여러 사람이 누군가에 관해서 뒷공론하는 소리를 듣게 되면, 막상 그 자리에선 그 이야기를 믿어야 할지 고민하기도 하지만, 일단 그런 이야기를 듣고 난 뒤에는 비난의 도마 위에 올랐던 그 당사자와의 관계가 괜스레 서먹해지면서 그 사람에게서 좋지 않은 느낌이 쉽게 가시질 않는다. 남의 이야기를 많이 듣다 보면 내 배우자, 내 아이들, 내 친구들, 심지어는 내 인생이 때로는 초라하게 느껴질 때가 있다. 그리고 남의 이야기를 많이 하게 되면 그보다 더욱더 우리 자신의 가치가 떨어진다는 것을 알게 될 것이다. 일단 내뱉어진 말은 이미 엎질러진 물처럼 주워 담을 수가 없다. 먼저 당신 자신과 대화를 하라! 당신 자신에게 열정적으로 말하

라! 그것들을 큰 소리로 말할 수 있도록 늘 준비하라! 승리하려는 마음가짐은 자신의 마음에서 외치는 말을 제대로 듣는 데에서 나온다. 우리가 진정으로 무언가를 믿고자 한다면 그것을 조용히 생각하기보다는 자신이 들을 수 있도록 말해야 한다. 우리는 우리가 들은 것을 훨씬 더 잘 기억하기 때문에 큰 소리로 읽는 것이 우리의 어휘력을 증강시키고 말 또한 더욱 유창해진다. 나아가 사고의 영역도 넓힐 수 있다. 무엇보다 중요한 것은 바로 그런 것들 덕분에 영감을 얻고 감화를 받게 된다는 사실이다. 당신이 누군가를 좋게 이야기를 할 때마다, 자신은 그 믿음이 점차 증가함을 느끼게 된다. 말을 통해 우리는 자신의 내적 감정과의 조화를 증진시킬 수 있으며 인생에서 결코 변하지 않는 진실에 만족하게 된다. 신을 찬양하는 것은 신과의 관계를 더 가깝게 한다. 큰 소리로 기도하면 신과 더욱 가까워진다.

실수는 우리를 성장시킨다

만일 우리 모두가 완벽하다면 이 세상엔 사랑이 필요 없을 것이다.

인생을 살다 보면 실수 한 번 하지 않는 사람은 없다. 퇴근길에 세탁소에 들러 옷들을 찾아와 달라는 당신의 부탁을 남편이 깜빡 잊고 그냥 올 수도 있고, 부하 직원이 중요한 메시지를 당신에게 전하는 것을 잊을 수도 있다. 또 당신의 남편이 아무 생각 없이 문을 쾅 닫는 바람에 잠자고 있던 아기가 깰 때도 있다. 당신은 그런 작은 실수를 하는 사람들을 어떻게 대하겠는가? 우선 당신은 그들을 이해해야 한다. 어떤 나쁜 의도가 있어서 그런 것이 아니며, 또한 실수는 누구나 저지를 수 있기 때문이다. 그들은 단순히 미처 생각하지 못했을 뿐이다. 바쁜 일정에 쫓겨 간혹 해야 할 일의 중요성을 인식하지 못한 채 그런 실수를 하게 되는 것이다. 그리고 다음으로, 당사자의 입장이 되어 봐라! 그러면 그 사람이 왜, 그리고 어떻게 해서 실수를 했는지 이해할 수 있다. 세 번째로, 누군가의 실수를 오히려 당신과의 관계를 더욱 향상시키는 계기로 생각해라! 그렇게 되면 그 사람과의 관계가 오랫동안 돈독해질 것이다. 그리고 마지막으로, 실수를 하거나 해야 할 일을 놓친 사람에게 부드럽게 그가 한 실수가 고의가 아니라는 것을 당신이 안다고 말해봐라! 그러면 그들은 앞으로 매사에 더욱 신경을 쓰게 될 것이며, 당신에게 감사하게 생각할 것이다. 한 번 시도해 봐라! 그러면 당신의 인간관계는 더욱 행복해질 것이며, 더욱 오랫동안 지속될 것이다. 이것이 바로 사랑이다.

'불가능해'는
'다시 한 번 시도해야 해'와 같은 말이다

장애물이 나타나더라도 목표 지점에 도달하려는
결심은 바꾸지 말고 그 지점에 이르는 방향만 바꾸어라.

어떤 목표가 가능한 것인지 불가능한
것인지를 몰라서 오히려 큰 업적을 남기는 사람이 있다. 헨리 포드가 바
로 그런 사람 중의 한 명이다. 남들처럼 충분한 교육을 받지는 못했지만,
그는 대단히 큰 비전을 가진 인물이었다. 포드는 V-8 엔진 제작이 가능
하다고 생각을 했다. 엔지니어들은 한결같이 그의 아이디어를 비웃었다.
그러나 포드가 사장이라서 그 일이 불가능하다고는 말하지 않고 일단 계
획대로 일을 추진했지만, 그들은 그 일이 불가능하다고 생각하고 온 열
정을 쏟아 붓지는 않았다. 그러나 포드는 그들에게 더욱 심혈을 기울여
줄 것을 요구했다. 그들은 사장이 요구하는 대로 일을 진행했지만, 결과
는 마찬가지로 '불가능' 그 자체였다. 그래서 그들은 포드에게 그 일은 애
초부터 사실상 불가능한 일이었다고 거듭해서 말했다. 그러자 포드는 거

의 제정신을 잃은 사람처럼 무슨 일이 있어도 V-8만은 꼭 만들어 내야 한다고 다시 한 번 그들에게 강력하게 요구했다. 그 일이 있은 뒤로, 엔지니어들은 새로운 열정으로 최선을 다해 그 일에 다시 착수했고, 마침내 그토록 염원하던 V-8 엔진 생산이 실현되었다. 우리는 몇 번이나 '이 일은 불가능해'라고 말하며 포기했던가? 또한 우리는 '이 일은 더 이상 안 돼'라고 생각하는 사람에게 그렇지 않다는 것을 일깨워 줘 일을 가능하게 한 적은 몇 번이나 될까? 포드는 완전히 새로운 착안을 떠올렸다. 그리고 그것을 실현시킬 수 있다고 믿었다. 지금 당신에게 당신만의 아이디어가 있다면 그것을 시도해 봐라! 누가 알겠는가? 당신 역시 또 다른 헨리 포드가 될지!

당신의 생각은 당신이 뜻하는 대로 움직인다

어제는 지난밤으로 끝이 났다고 생각하십시오.
그리고 오늘은 전혀 다른 새로운 날입니다.

몇 년 전, 〈뉴욕 타임스〉에 실렸던 기사와 관련된 이야기이다. 그 기사에 따르면 많은 사람이 이런저런 이유로 자기 자신은 물론이고 자신의 삶조차 부정적으로 생각한다고 한다. 만일 그들이 어린 시절에 아주 열악한 환경에서 자랐거나 혹은 다른 어떤 이유로든 학대받고 무시당했다면, 사랑을 받거나 사랑하는 감정을 느끼지 못했을 뿐만 아니라 용기와 위안을 얻을 만한 말도 못 들어 봤을 것이다. 그래서 그들이 부정적으로 생각하는 것은 전혀 이상한 일이 아니라는 내용이었다.

만일 당신이 그 범주에 속한다면 어떻게 하겠는가?

우선 당신은 당신의 부족한 점은 부족한 대로 인정하고 어제는 지난밤으로 끝이 났다고 생각해라. 그리고 오늘은 전혀 다른 새로운 날이다. 두

시도하지 않으면 아무것도 할 수 없다

번째로, 당신은 당신 자신이 어떤 존재인지를, 그리고 어떤 위치에 있는지를 알아야 한다. 그래야 새로운 각오로 사고를 변화시키고 또한 행동을 변화시킬 수 있다. 더 나아가 당신의 미래까지 변화시킬 것이다. 자신에게 다음과 같은 질문을 해라.

"당신은 어떤 새로운 결심을 했는가?"

낙천적이고 진취적인 내용의 책을 읽고, 명랑한 성격을 지닌 사람들과 함께 세미나나 모임에 참석해라! 당신의 승용차 안에 동기부여와 관련해서 영감을 주는 카세트테이프를 준비해라! 그렇게 날마다 습관을 들여간다면 당신의 사고는 서서히 변할 것이다. 아니 괄목할 정도로 변화할 것이다. 한 달 한 달을 그렇게 해나간다면 당신은 어느덧 자신이 목표하는 방향으로 빠르게 다가가는 자신을 발견하게 될 것이다.

두려움을 넘어서 힘찬 도약을 해야 한다

두려움이 없다는 것이 곧 용기는 아니다.
두려운데도 그것을 넘어서는 것이 바로 용기이다.

한번이라도 링 위에서 싸우는 이밴 더 홀리필드 선수를 본 사람이라면 그가 열일곱 살까지 권투에 두려움을 느꼈다는 사실이 믿겨지지 않을 테고, 오히려 그 말에 놀랄 것이다. 신인 선수 시절, 147파운드(약 67킬로그램)밖에 나가지 않던 호리호리한 체격의 홀리필드는 상대 선수에게 레프트훅을 얻어맞아 그대로 쓰러졌다. 그러 나 곧 다시 일어나 상대 선수를 맹렬히 몰아붙였다. 그 경기 뒤로, 그는 고통은 단지 육체의 고통일 뿐이라는 것을 깨달았다. 사실, 그는 상대편 의 펀치를 되받아 공격을 하면서 약간의 행복감마저 느꼈다.

그 순간부터 이밴더 홀리필드는 맞는 데 두려움에서 벗어났다. 단편 적이지만, 이 이야기는, 마이크 타이슨과의 격돌을 앞둔 상태에서도 그 에게 아무런 두려움이 없었다는 것을 말해 준다. 훌륭한 신념의 소유자인 이밴더 홀리필드는 우리에게 많은 교훈을 남겼다. 그는 청빈한 삶을 살고 있으며, 누구 못지않게 열심히 훈련하며 트레이너들의 충고에 귀를 기울이는 겸손한 사람이다. 또한 성실한 복서로서 공격 기술과 맷집을 끊임없이 키워 온 인물이었다. 홀리필드가 타이슨과 처음으로 격돌했을 때, 그는 초반에 마이크 타이슨의 멋진 공격을 받았으나 타이슨보다도 훨씬 더 멋지게 공격했다. 그리고 마침내 챔피언 벨트를 거머쥐었다. 흥미로운 것은, 다운을 당하고 난 뒤에도 홀리필드의 진정한 활약이 시작되었다는 사실이다. 만일 우리가 세상이라는 링 한복판에 쓰러진다면, 우리는 그 링을 발판삼아 그것을 넘어선 훨씬 더 높은 곳을 향해 힘차게 도약해야 한다.

이번엔 당신 차례이다

만일 당신이 패배로부터 배운 것이 있다면 당신은 진정한 승리자이다.

몇 년 전에, 볼티모어 오리올스의 유격수인 칼 립켄은 5년 동안 3천만 달러를 받는 조건으로 계약서에 서명했다. 그러나 그의 전년도 성적은 고작 4타수 1안타로 매우 저조했다. 이 점에 관해서 잠시 생각해 보자. 만일 당신이 어느 한 직종에 종사하면서 네 차례나 시도했지만, 단 한 번밖에 성공을 거두지 못했다면, 당신은 그 점을 어떻게 생각하는가? 당신 자신에 관해 과연 어떤 생각이 들까? 네 번 타석에 올라 고작 한 번의 안타를 친 칼 립켄을 당신은 어떻게 생각하는가? 당신은 진정 "자, 시간을 허비하지 말자고! 네 번의 기회가 찾아와도 내가 칠 수 있는 건 단 한 번뿐이다!"라고 그가 중얼거릴 거라고 생각하는가? 립켄 자신도 과연 그렇게 생각할까? 나는 칼이 다부지게 투수를 노려보며 출루할 것을 확신하고 자신에게 이렇게 다짐을 했으리라 믿는다.

"그래, 바로 전 타석에선 네가 날 이겼지만, 지금은 내가 널 이길 차례다. 난 내내 널 쳐다보면서 그렇게 되리라 생각했어. 난 분명 이 지구상에서 가장 뛰어난 선수 중의 한 사람이야. 자, 이제 내 차례다!"

칼 립켄은 자기 자신을 승리자라고 믿었다. 그는 의기양양한 기세로 자신이 승리할 차례라고 생각했다.

자, 이제부터 시작이다

볼 수 있는 데까지 최대한 멀리 가라.
그곳에 이르면 당신은 그보다 더 먼 곳을 볼 수 있다.

어느 날 저녁, 캘리포니아 주에 있는 새크라멘토 시의 리처드 오츠는 세탁기와 건조기에 넣을 동전을 어떻게 하면 손에 넣을지를 골똘히 궁리하면서 동네를 어슬렁거렸는데 바로 그때, 그의 뇌리를 스친 생각이 있었다.

"난 이제껏 너무 많은 능력이 있어서 지금 이런 처지가 된 것이 아닐까?"

다음 날, 그는 자그마한 주택 건축업자를 찾아가서 일자리를 부탁했다. 그는 막 공사가 끝난 건물 내부의 뒷마무리 청소를 하는 인부로 고용되었다. 일자리를 구한 첫날, 그는 두 사람 몫의 일을 마쳤다. 그리고 그 다음 날에는 두 사람이 하루에 할 수 있는 일 이상을 해내자 그는 파트타이머에서 풀타임으로 일할 수 있는 기회를 얻었다. 그렇게 일용직으로 1년 동안을 열심히 일한 뒤로, 그는 곧바로 라일랜드 홈스라는 그 회사에 정규 사원으로 입사하게 되었고 그때부터 3년이 지난 뒤로, 그는 공사 현장 감독이 되었다. 그는 내 딸이기도 한 아내 신디와 함께 내가 사는 곳으로 이사를 왔다. 그리고 지금은 그는 우리 사무실 관리 책임자로 근무하고 있다.

그는 동전 몇 개를 어떻게든 얻어 보려다가 순간적으로 떠오른 목적의식 덕에 올바른 방향으로 전환하게 된 것이다.

성공에 이르는 여정에서 무엇보다도 중요한 것은 곧바로 행동으로 옮기는 것이다. 바로 그 시작이 중요하다. 만일 당신이 가진 능력을 마음껏 발휘해 지금 당장 실천으로 옮긴다면 당신은 이미 성공의 문에 발을 들여놓은 셈이다.

융통성 없는 규칙은 당신의 목을 죄어 온다

볼티모어 교회 담벼락엔 이런 글이 쓰여져 있다. "불법 침입자는 법에 의해 고발된다.
- 자비의 수녀회 백".

"이것은 규정이므로, 우리 모두는 그래도 늘 지켜왔다."

우리는 이런 말을 자주 접하며 살아오고 있다. 이 말은 여러 단체나 정부 관련 조직 안에서 흔히 쓰이는 말이다. 특히나 관료주의가 깊게 뿌리박힌 조직 안에서 더 자주 입에 오르내리는 것 같다. 다음 이야기는 지나치게 원칙만을 강조하다가 손해를 보게 된 상황을 가장 잘 표현한 선례이다.

어느 날, 비교적 눈에 띄는 청바지 차림의 한 신사가 은행 안으로 걸어 들어왔다. 그는 사업상 그 은행과 새로운 거래를 시작할 생각인데 마침 그날따라 담당 직원이 온종일 외근 중이라며 그에게 해당 업무에 관한 상담을 해줄 수 있는 직원이 없으니 다음날 다시 방문해 달라고 다른 여직원이 말했다. 그는 하는 수 없이 그렇게 해야겠다고 생각하며 주차권에 확인을 받으려고 그 은행 여직원에게 자동차 주차권을 보여주자 그 여직원은 정중하지만 단호한 어조로 은행 방침 중 아무런 업무상의 거래가 없는 고객에게는 주차권에 확인을 해줄 수가 없다고 그에게 말했다. 그러자 그 신사는 사업상의 거래를 위해 왔다가 담당 직원이 없어서 어쩔 수 없이 그렇게 된 것이니 사정을 봐달라고 거듭 부탁했다. 그러나 결과는 마찬가지였다. 그녀는 한마디로 딱 잘라 거절했다. "죄송합니다만, 그것이 저희 은행의 방침입니다." 그는 융통성 없는 그 은행원의 원리원칙주의에 기분이 상한 나머지, 즉시 그 은행에서 다른 업무상의 거래를 했다. 그는 그 은행의 다른 계좌에서 곧바로 150만 달러를 모두 인출함으로써 자신의 거래를 입증한 뒤로, 그 은행 여직원에게 그렇게 일해서는 안 된다는 것을 교훈으로 남긴 채 확인받은 주차권을 가지고 은행 문을 나왔다. 그는 바로 IBM의 회장인 존 에이커스였다.

영혼의 위장은 다이어트가 필요 없다

배고플 때 배에서 꼬르륵 소리가 나는 것처럼 우리의 영혼이 비었을 때도
꼬르륵 소리가 난다면 재미있지 않을까?

가장 신뢰할 만하고 광범위한 정보원 중 하나가 바로 우리가 즐겨 읽는 책이다. 그 속에는 모든 정보가 다 들어 있다. 우리가 관심 있어 하는 모든 분야는 물론이고 전 세계의 위대한 영혼들을 우리는 책을 통해 만날 수 있다. 다시 말해서, 우리는 우리보다 먼저 살다 간 위인들은 물론이고, 우리와 동시대를 살아가는 훌륭한 이들의 이야기를 책을 통해 만날 수 있다는 이야기이다. 과연 우리는 이 엄청난 정보를 적절하게 충분히 이용하고 있는가?

아쉽게도, 우리 중 절반 이상이 그렇지 못하다. 사회인의 58%가 일단 정규 교육을 마친 뒤에는 어떤 양서도 읽지 않는다는 조사 결과가 나와 있다. 믿기지 않지만, 정말 비극적인 사실이다. 그러나 긍정적인 부분도 있다. 소위, 미국을 이끈다고 하는 사람들은 1년 동안 평균 20권 정도

시도하지 않으면 아무것도 할 수 없다

의 양서를 읽는다고 한다. 그렇다면 분명 5년이면 각 분야에서 권위자로 일컬어지는 사람들의 저서를 1백 권 정도 읽는다는 계산이 나온다. 그것은 그들에게 양질의 정보를 제공하고 또한 풍부한 영혼의 양식이 된다. 이 영혼의 양식을 통해 그들은 내적 성장을 하게 돼, 보다 성숙한 인격체로 거듭나면서 진보적이고 성공적이며 행복하고 건강한 인생을 유지한다. 물론 모든 사람이 다 그렇다는 것은 아니다. 그러나 무엇이 중요한지는 누구보다도 여러분이 분명히 알 것이라고 생각한다. 열심히 독서하는 사람 100명과 한 권의 책도 읽지 않는 사람 100명의 인생 과정을 살펴봐라. 나는 열심히 독서하는 사람들이 모든 인생 영역에서 보다 성공적인 삶을 누리고 있다고 자신 있게 말할 수 있다.

행복은 키스와도 같다

많은 행복을 누리려거든 누군가 다른 사람에게 키스를 해야만 한다.

작년 밸런타인데이 때 나는 아내가 무척 좋아하는, 초콜릿이 덮인 마시멜로를 형형색색으로 예쁘게 포장해서 선물했다. 하나는 아내의 눈에 잘 띄는 장소에 놓아두었다. 그리고 우리가 서로에게 그런 작은 선물을 줄 때 늘 하는 게임의 하나로서, 나머지 것들은 여러 곳에 숨겨놓았다. 아내는 대략 그것이 어디 있는지 알기 때문에 늘 소리 내어 웃곤 했다. 이번에도 역시 나는 눈에 보이진 않지만, 적어도 아내의 손이 규칙적으로 닿는 곳에다 나머지 것들을 숨겨 놓았다. 이를테면 작은 쌀통 안에, 냉장고 안에, 옷장 서랍 안에다, 그리고 옷 속에다 말이다. 비록 값나가지 않는 작고 단순한 선물이지만, 적어도 3주 동안 나는 아내의 아름다운 미소와 웃음소리를 듣게 된다. 아내의 다이어트에 크게 지장이 없는 한 나의 작은 선물은 우리 두 사람에게 언제나

시도하지 않으면 아무것도 할 수 없다

즐거운 게임이 되고 사려 깊은 마음의 전달 도구가 된다. 내가 집에 있을 때 아내가 그 선물을 발견하게 되면 그녀는 항상 나를 포옹했다. 지난 11월은 우리 두 사람이 결혼을 한 지 50주년이 된 해로, 우리는 서로를 축하해 주었고 우리는 함께 있는 한 언제까지나 그 게임을 계속하기로 약속했다. 우리는 앞으로 60번째 결혼기념일을 축하하게 될 것이며, 또 70번째 결혼기념일에도 웃으며 샴페인을 마실 것이다.

결혼한 모든 커플이 앞으로 우리와 같은 게임을 할 것이라고 믿는다. 그리고 우리보다 더욱더 아름다운 결혼기념일을 축하하리라고 믿는다.

유머감각은 빡빡한 인간관계에
한 방울의 기름칠이다

**훌륭한 유머감각은 인생이라는 밧줄 위에서 외줄 타기를 하는 당신의 균형을
잡아 주는 균형봉이 될 것이다. —윌리엄 A. 워드**

내가 겪은 재미있는 상황이 여럿 있
지만, 그중에서도 특히 재미있는 것이 하나 있다. 몸을 단련하려고 역기
운동을 하러 체육관을 다닐 때의 일이다. 보기보다 건강한 나는 몸을 단
련하다 보면 아랫도리가 부풀어 오를 때가 있다. 그런 나를 보며 사람들
은 한마디씩 하곤 했다. 그래서 나는 그곳의 살을 빼려고 역기 운동을 더
해야겠다고 사람들에게 말하곤 했다. 상식적으로 내 말을 들은 사람들은
대부분 박장대소할 것이다. 더구나, 나이 70에 그런 얘기를 한다는 것이
정말 우스운 일 아닐까? 물론 내가 허스키한 목소리를 가진 서른 살의 건
장한 젊은이라면 이런 말을 하는 것이 결코 우스운 일은 아니다. 농담은
어색한 상황을 풀어 주고 힘든 일도 기분 좋게 하게 해주며 인간관계를
돈독히 하는 데 특효약이다. 농담을 잘못하는 사람이나 농담을 해도 이

해하지 못하는 사람은 특별한 노력이 필요하다. 농담이 없는 사회를 상상해 봐라!

내가 말하고자 하는 요점은, 우리 모두는 재미있는 농담을 즐긴다는 사실이다. 산뜻하고 유쾌한 농담으로 더욱 멋진 분위기를 연출하도록 신경 써야만 한다. 물론 자기 혼자만 즐길 수 있는 농담, 자기 그룹만이 웃을 수 있는 농담, 혹은 어떤 방식으로든 편견 있는 농담은 피해야 한다. 당신은 어떤 유머가 준비되어 있는가? 다른 사람들에게 그것을 어떻게 들려줬는가? 지금 생각해 봐라! 바로 그 유머가 당신을 정상에 올려놓을 것이다.

세상에서 가장 가난한 사람은
미소가 없는 사람이다

이것은 하나의 애석한 이야기이다. 나는 지금 당신이 잊지 못할 그 이야기를 쓰고 있다.
그것도 가슴 저미는 이야기를.

지난 세월 동안 그것은 모든 사람의 고통을 없애기를 원했다. 그런데도 그중에 누구도 자신들의 사랑을 나누려고 하지 않았다. 심지어는 단순한 접촉조차도. 아니, 미소 한 자락 남기려는 사람도 없었다. 그저 단 한 번의 미소조차도. 그것은 너무나도 많은 것을 의미한다. 만일 누군가가 그렇게만 했더라도, 그녀는 세상을 살아갈 힘을 얻었을 것이다.

그러나 난 너무 바빠서 내가 그러지 못한 이유다. 나의 이런 생각은 4킬로미터쯤 걸어갔다가 단 한 번의 미소라도 만나게 되기를 간절히 기원하면서.

그녀는 다리에서 멈춰 섰으나 아무런 미소도 발견하지 못했다. 그녀는 차분히 다리 밑을 내려다보자 죽음이란 녀석이 다리 밑을 맴돌았다. 바로 그 다음날, 그녀의 심장이 발견되었다. 거친 바다물살에 흠씬 얻어맞은 채로. 아무런 사랑의 흔적을 찾을 수가 없었다. 그것이 필요로 했던 것은 단 하나의 미소였는데. 수백 명의 사람이 그녀를 스쳐 지나쳤을 텐데…….

나는 종종 꿈속에서 그 소녀의 얼굴을 본다. 그녀에게 나의 미소가 단 한 번만이라도 닿았더라면 어땠을까? 만일 그랬다면 그녀가 그렇게 되진 않았을 텐데…….

나는 이맛살을 찌푸린 채 시선을 떨군다. 내 주위의 모든 친구들에게 왜 그렇게 하지 못하고 살아가는 것일까?

그 소녀가 다리 아래로 몸을 던지지 않도록

내가 도울 수 있지 않았을까?

그녀가 원하는 것은 단 한 번의 미소였는데…….

난 지금 누군가에게 미소 짓는 것이 행복하다.

살아 있는 동안 나는 그렇게 미소를 나누며 살아갈 것이다.

– 앤 셔먼

1. 당신은 언제 자신이 정상에 있다고 생각하는가?

당신의 적수들을 친구로 만들었고, 당신의 친구들로부터 사랑과 존경을
얻고 있다면 당신은 이미 정상에 있는 것이다.

무척 바쁜 한 정치인이 같이 놀아 달
라는 일곱 살짜리 어린 아들의 등살에 시달렸다. 그는 어떻게 하면 어린
아들을 떼어놓을 수 있을지를 궁리해 보았지만, 한마디로 속수무책이었
다. 어느 날 아이는 자기에게로 관심을 집중시키려는 마지막 노력의 하
나로 이렇게 물었다. "아빠, 아빤 누구를 제일 좋아하세요? 배트맨이에
요, 아니면 슈퍼맨이에요?"

아이의 아버지는 얼렁뚱땅 대답했다.

"글쎄, 잘 모르겠는걸. 아마 슈퍼맨인 것 같은데."

그러자 어린 아들이 다시 끈질기게 되물었다.

"그럼, 아빠. 이번엔 내가 누구를 좋아하는지를 한 번 물어 보실래요?"

그러자 그 아버지는 시큰둥한 어조로 물었다.

"아아, 그렇군. 그래 사랑하는 나의 아들아, 넌 누구를 더 좋아하지?"

아이는 이렇게 대답했다.

"난 배트맨이 제일 좋아요."

여전히 그는 별 의미 없이 이렇게 대꾸했다. "그래, 멋지구나!"

그러고는 그는 워낙 바쁜 상황인지라, 곧바로 하던 일을 계속하려고 돌아앉았다. 그러자 곧 간절한 목소리로 아이가 또다시 질문을 던졌다. "아빠, 내가 왜 배트맨을 제일 좋아하는지는 안 물어 보세요?"

"그래그래, 왜 배트맨을 제일 좋아하지?"

그러자 꼬마는 이렇게 말했다. "배트맨에게는 친구가 있으니까요."

이 말을 들은 아이의 아버지는 하던 일을 한쪽으로 밀어놓은 다음 자기 아들을 유심히 쳐다보고는 미소를 지으며 이렇게 말했다.

"친구가 있다는 것은 정말 중요한 일이야. 그렇지?"

"정말 그래요, 아빠."

이 이야기는 아주 짧지만, 우리 모두에게 무언가를 느끼게 해줍니다. 우리에게 우정은 무엇보다도 소중하기 때문이다. 인간적인 우호 관계는 누구에게나 필요로 하는데 그 누군가를 '친구'라 부르기를 원한다.

2. 당신은 언제 자신이 정상에 있다고 생각하는가?

과거엔 좋은 친구들과 사귀었고, 지금은 맡은 일에 전념하며,
미래를 낙관적인으로 생각하고 있다면 당신은 이미 정상에 있는 것이다.

1996년 말 NBA 시즌을 마무리를 지을 때, 마이클 조던은 화려한 갈채와 함께 정규 시즌 MVP와 챔피언십 시리즈 MVP 트로피를 두 개나 거머쥐는 영광을 안았다. 조던은 마이너 리그에서 18개월 동안 야구를 하면서 녹슬었던 농구 감각을 완전히 되찾았다.

화려한 이 이야기의 시작은 어땠을까요? 1995년, 시즌 막바지에 시카고 불스 팀에 다시 합류하기로 결정했을 때 그는 이전의 감각을 곧바로 되찾을 수 있으리라고 확신했다. 이어 팀에 복귀했고 자신의 화려한 재능을 다시 선보일 수 있게 되었다. 그러나 그는 많은 시간을 자신과 싸워야만 했다. 주위의 시선을 한 몸에 받으며 코트에 나섰지만, 준결승전에서 만난 올랜도 매직과의 경기에서 그만 패배하고 말았다. 그는 자신에

게 실망감을 쉽사리 떨쳐 버릴 수가 없었으나 바로 그 쓰디쓴 경험을 통해서 그에게 새로운 전환점을 마련해 주는 기회로 삼았다. 그것에 관해 조던은 이렇게 말했다.

"작년의 실망은 내가 다시 도약할 수 있게 새로운 발판을 마련하는 디딤돌이 되었다." 심지어 그는 자기에게 그런 기회를 마련해 준 올랜도 매직에게 감사의 뜻을 전했다고 한다. 그에게는 그 패배는 더욱더 강한 훈련에 돌입하게 한 동기부여가 되었다. 마침내 그는 영예로운 정상의 자리에 다시 복귀하게 되었으며, 농구에서만큼은 최정상의 선수라는 영예를 다시 안게 되었다. 마이클, 당신의 농구 코트로의 복귀를 정말 축하한다. 당신은 우리 모두에게 인생의 새로운 지침을 하나 주었다. '누구든지 노력하면 화려하게 재기할 수 있다는 것'을.

3. 당신은 언제 자신이 정상에 있다고 생각하는가?

믿음과 소망, 그리고 사랑이 충만한 속에서 분노, 탐욕, 범죄, 시기, 복수심 없이
세상을 살아가고 있다면 당신은 이미 정상에 있는 것이다.

내 주치 안과 의사인 네이선 립턴 박사는 그야말로 혜안을 가진 사람이다. 그는 내 눈을 세밀하게 검사해서 정성어린 치료를 해줄 뿐만 아니라, 오랫동안 자신의 경험에서 우러나온 진솔한 인생 이야기를 들려주면서 아낌없이 훌륭한 충고를 해줍니다. 다음이 그가 해준 충고의 일부이다.

올해에는 나 아닌 다른 사람을 먼저 생각하라.
지구의 아름다움과 경이로움에 감탄하라.
연애편지를 써 봐라. 또 보석처럼 중요한 것을 서로 공유하라.
어린이의 마음을 사랑하라.
낯선 이를 반갑게 맞이하라.

당신이 존재하는 것에, 당신이 소유하는 것에,

그것이 크든 작든 간에 신에게 감사하라.

싸움을 멈추고 먼저 상대방에게 화해의 말을 건네 봐라.

잊힌 친구를 찾아봐라.

누군가를 의심한다면 의심을 풀고, 믿음과 진실로 대하라.

약속을 지키고 시간을 놓치지 마라.

원한이 있으면 풀고, 적이 있으면 용서하라.

당신이 잘못한 것이 있으면 용서를 구하라.

경청하라, 그리고 이해하려고 노력하라.

다른 사람들에 관한 당신의 마음을 살펴봐라.

감사하라. 다른 사람에게 친절히 그리고 정중히 대하라.

미소를 지으라. 그리고 더욱 활짝 웃어라.

온전히 사랑하라. 그리고 당신의 사랑을 말로 표현하라.

지금까지 열거한 내용들은 모두 단순하고, 아마 한 번쯤은 어디선가 들어 본 듯한 말들이지만, 이 말의 진정한 영향력과 힘은 결코 작지 않다. 위에서 열거한 내용들이 올해에는 꼭 당신의 인생을 변화시키는 계기가 되길 바란다.

4. 당신은 언제 자신이 정상에 있다고 생각하는가?

좋은 마음씨는 계속해서 좋은 일들을 불러오고 나쁜 마음씨는 계속 나쁜 일들을
불러온다는 것을 안다면 당신은 이미 정상에 있는 것이다.

우리 회사엔 '난 할 수 있다'라는 사
원 교육프로그램 과정이 있다. 거기에서는 헌신, 성실, 노력, 책임감, 올
바른 마음가짐, 그리고 긍정적 사고방식이 중요하다는 것을 강조한다.
인디애나 주의 인디애나폴리스에 있는 한 학교의 교감인 찰리 플루거는
여러 세미나 프로그램 중 한 교육 프로그램이 학생들을 가르치는 데 많
은 도움이 될 거라고 생각했다. 마침내 찰리 플루거 교감은 그것을 학생
들에게 적용해 보기로 했다. 맨 먼저, 학생들이 남몰래 선행을 하는 것이
교사의 눈에 띄었을 때 그 학생에게 '난 할 수 있다'라고 이름 붙인 지폐
를 주었다. 길 건너는 노인을 돕는 일, 학교 운동장에 떨어진 휴지를 줍
는 일, 칠판을 지우는 일, 또는 새로 전학 온 친구를 반갑게 맞아주는 일
등의 선행을 하는 모습이 눈에 띌 때마다 그들은 '난 할 수 있다'라고 이

름 붙인 지폐를 받게 되었다. 그 지폐를 100장 모으면 '승리자의 티셔츠'를 얻을 수 있었다. 593명의 전교생 중, 무려 587명의 아이가 '승리자의 티셔츠'를 받게 되었다. 티셔츠 587장의 비용이 자칫 비싸다고 생각할 수도 있겠지만, 꼭 그렇게만 볼 수는 없었다. 왜냐하면 그만한 효과가 서서히 나타났기 때문이다. 우선 학교 폭력이 한 건도 발생하지 않았고 마약 때문에 경찰서에 불려가는 학생 또한 한 명도 나타나지 않았다. 그러면서 학생들의 학교 성적은 꾸준히 올라갔다. 그 모두가 '난 할 수 있다'라는 운동에서 나온 성과들이었다. 그리고 그 운동 덕분에 학생들은 부모님께 감사하는 마음을 배웠으며 자신들의 사랑을 부모님께 잊지 않고 마음껏 표현했다. 마침내 교사와 학생, 그리고 학부모가 하나가 된 것이다. 이 원리를 제대로 익힌다면 아이들은 앞으로 자신의 인생을 어떻게 준비해야 할지 깨닫게 될 것이다.

5. 당신은 언제 자신이 정상에 있다고 생각하는가?

기쁨의 순간들을 오래 간직하며 당신의 관심을 권리가 아니라 책임감으로
돌릴 수 있을 만큼 성숙하다면 당신은 이미 정상에 있는 것이다.

'오늘도 출근해야 하는구나.' 아침에
잠이 깨면 가장 먼저 떠오를 것이다. 솔직히 말하면 출근하지 말고 그냥
누워 있고 싶은 심정일 것이다. 그러나 우리는 나름대로의 책임감에 무
거운 몸을 억지로 일으켜 커피를 마시려고 주방으로 향한다. 잠자리에서
눈을 뜬 뒤로 주방으로 가는 그 짧은 시간 동안 우리는 '난 살아남을 것이
다'라고 중얼거리며 자신의 마음을 추스르곤 한다. 곧이어 옷을 입고, 자
동차를 몰고 직장으로 향한다. 2시간 정도가 지나면 잠자리에서 일어났
을 때의 그 침체되었던 기분은 어느덧 사라지고 만다. 오해하지 말라. 이
른 아침에 일어나 출근해야 하는 일이 늘 고통만을 준다는 이야기는 아니
다. 내가 정말 말하고 싶은 것은 날마다 아침 일찍 일어나 직장으로 출근
한다는 것이 때로는 지겹고 힘들게 생각될 때도 있다는 이야기이다. 문

제는 아침의 그 짧은 생각이 자신에 관한 연민으로까지 발전해서 자칫 판
단을 잘못하게 하는 일이 발생할 수도 있다. 자신의 일에 책임을 다하라.
그리고 맡은 일에 전심전력을 다하라. 그것이 바로 자신의 의무를 다하
는 것이다. 자신에게 주어진 일을 성실히 수행하다보면 개인은 물론 가
족과 회사가 함께 성공의 길에 이르게 된다.

6. 당신은 언제 자신이 정상에 있다고 생각하는가?

미워하는 사람을 사랑하라. 그리고 절망에 빠진 사람에게 희망을 줘라.
친구가 없는 사람과 우정을 나눠라. 실의에 빠진 사람에게 용기를 줘라.
그렇다면 당신은 이미 정상에 있는 것이다.

헨리 레보가 텔레비전을 새로 들여 놓으면서 있었던 이야기를 들려 드리겠다. "아마 그때가 토요일이었을 거야. TV 안테나 설치하는 걸 도와주려고 여러 이웃들이 모두 모였지. 그런데 아쉽게도 모두 단순한 연장 도구들만 갖고 와 정작 꼭 필요한 연장이 하나도 없었다네. 그러니 일이 제대로 진척이 됐겠나? 그런데 그때 새로 이사 온 이웃이 정교하고 다양한 공구가 들어 있는 박스를 들고 나타났지. 그 공구 박스 안에는 안테나를 설치하는 데 필요한 모든 도구가 다 들어 있었다네." 헨리는 자기 집에 모였던 사람들이 모두 새로 이사 온 그에게 다가가 축하의 말을 하더라는 것이다. 때마침 필요한 공구 박스까지 들고 나타났으니 그 기쁨이야 더했겠지. 얼떨결에 축하와 환영을 받은 그 이웃은 활짝 미소를 지으며 이렇게 답했다고 한다. "여러분, 정말 감사합니다. 잘 부탁드리겠습니다. 그리고 앞으로 더욱 친하게 지냈으면 합니다." 정말 흐뭇한 광경이죠? 작고 단순한 일이지만 이웃 간에 서로 그렇게 돕고 격려하면서 친분을 맺는다는 것은 정말 멋지지 않습니까? 요즘엔 그야말로 굳게 닫힌 문 안에만 틀어박혀 있으니, 이웃집에 누가 사는지조차도 제대로 모른다. 친구를 사귀거나 이웃과 가까이 지내는 비결은 애정 어린 관심이다. 가벼운 미소 한 번, '안녕하세요'라는 반가운 인사 한마디 건네는 것, 혹은 칭찬 한마디가 바로 그 시작이다. 친절한 말 한마디, 작지만 배려가 담긴 작은 행동 하나하나가 상대를 기쁘게 하며, 그 덕분에 당신 또한 행복해질 것이다.

7. 당신은 언제 자신이 정상에 있다고 생각하는가?

'성공이 나를 창조하지 않으며, 실패가 나를 파괴하지 못한다'는
이치를 깨달았다면 당신은 이미 정상에 있는 것이다.

실패는 다음 행동을 시도하는 데 좋은 동기부여가 될 수 있으며, 또 반드시 그렇게 되어야만 한다. J. 앨런 피터슨 박사는 실패를 이렇게 설명했다. "대부분의 사람은 한두 번쯤 자신이 완전하게 실패했다고 느낀 적이 있습니다. 실패한 경험이 있는 사람 중 많은 사람이 그 실패의 공포로부터 벗어나지 못한 채, 오히려 굴복하고 맙니다. 사실, 실패 그 자체가 실패의 결과보다도 훨씬 더 큰 파괴력을 지녔음이 분명합니다. 실패에 관한 공포감은 어떤 일을 시작하기도 전부터 우리를 무너뜨리기도 합니다." 과연 무엇이 실패가 그토록 두려움을 갖게 하는 것일까? 그것은 바로 다른 사람들이 어떻게 생각할지를 지나치게 의식해서 나오는 걱정 때문이다. 사람들은 실패를 마치 최고의 불명예 내지는 치욕으로 생각하는 것 같다. 거듭되는 실수 때문에

실패를 하는 것이고, 그렇게 되면서 영원히 불명예를 안은 채 살아간다고 생각했기 때문이다. 이 얼마나 우스꽝스럽고 어리석은 생각일까! 도대체 이 세상사람 중, 인생을 살아가면서 단 한 번의 실패도 없이 완벽한 성공을 거둔 사람이 과연 몇 명이나 되겠는가? 단언하건대, 한 사람도 없다. 자신의 실수를 통해서 뭔가를 배운 사람들, 그리고 자신의 실패를 성공의 기회로 삼은 사람들이야말로 가장 훌륭한 성공을 거둔 사람들이다. 실패는 앞으로 꾸준히 노력해야 함을 의미하다. 실패는 훌륭하다. 실패는 당신에게 또 다른 기회를 제공하고, 그 기회를 통해 당신에게 진일보하는 방법을 가르쳐 주기 때문이다. 실패는 긍정적이다. 당신에게 새로운 깨달음을 주고 인생의 계급장에 한 계급을 더 올려주는 것이기 때문이다. 실패는 우리에게 무척이나 많은 도움을 준다. 실패는 최종 결과물이 아니며, 그렇다고 일시적인 불편함도 아니다. 실패는 하나의 디딤돌이다. 실패에 관해서 우리가 어떻게 대응하느냐가 바로 우리의 미래를 결정짓는다.

8. 당신은 언제 자신이 정상에 있다고 생각하는가?

하나님과 인간이 함께하는 이 세상에 살고 있기 때문에 화평하다는
사실을 깨닫고 있다면 당신은 이미 정상에 있는 것이다.

'믿음' 그리고 '종교'는 과연 우리에게
어떤 역할을 하는 것일까? 진정 우리에게 어떤 효과를 주는 것일까? 캘
리포니아 대학의 의대에 있는 심장 전문의 랜돌프 버드 박사가 1988년
에 발표한 연구 보고서에 따르면, 어떤 믿음이나 종교는 실제로 우리에
게 영향을 준다고 한다. 버드 박사는 가슴 통증을 호소하거나 심장병이
있는 400명 정도의 환자를 대상으로 기도가 그들에게 어떤 영향을 주는
지를 실험을 했다. 그중 절반은 기도를 하고, 나머지 절반은 아무런 기도
도 하지 않았다. 그런데 꾸준히 기도를 한 환자들의 마음이 훨씬 안정되
었고, 그래서인지 약물로만 치료할 때보다 더 빠른 회복세를 보인 것으
로 나타났다. 그런데 대부분의 사람들이 기도를 할 때 일반적으로 가진
기본적인 문제는 대부분이 긍정적인 대답만을 기대한다는 사실이다. 설

사 뒤에 '노'라는 대답이 가장 최고의 대답으로 판명되더라도 말이다. 아직도 생생하게 기억나는 일이 있다. 오랫동안, 그리고 열심히 기도하며 나는 두 가지 소원을 빌었다. 그런데 만일 첫 번째 기도에 하나님께서 '예스'라고 대답하셨다면 오히려 나에겐 불운이 닥쳤어야만 한다. 그리고 두 번째 기도에 관한 응답도 마찬가지로 그래야만 한다. 그러나 결과는 그렇게 되지 않았다. 우리는 기도를 할 때 늘 '주님의 뜻대로 하소서'라고 끝을 맺는다. 바로 그렇기 때문에 우리가 일단 기도를 하면, 그 기도가 긍정적인 것이든 부정적인 것이든 하나님의 뜻대로 이루어지기 마련이다. 하나님은 우리에게 결코 나쁜 것을 주지 않는다. 그것은 하나님께서 이 세상을 꿰뚫어보고 계시기 때문이다. 그만큼 하나님은 위대하시고 이해심이 크시기 때문이다.

9. 당신은 언제 자신이 정상에 있다고 생각하는가?

실패가 실패 그 자체로 끝나는 것이 아니라 새로운 전환점이 된다는 것을 분명히 이해한다면,
그리고 어제는 지난밤으로 끝이 났으며, 오늘은 어제와는
다른 새로운 날이라는 것을 깨달았다면 당신은 이미 정상에 있는 것이다.

뉴욕 시립 대학(CCNY)이 맨해튼 대학을 상대로 야구 경기를 하고 있었다. 경기가 막바지로 치닫고 있을 때였다. '좌완 홈런 투수'라는 별명을 가진 뉴욕 시립 대학 팀의 주전 타자가 타석에 들어서서 힘껏 방망이를 휘둘렀다. 방망이에 맞은 공은 중견 외야수의 머리 위로 높게 떠올랐다. 앞서 출루한 주자들을 불러들여 이길 수 있는 상황이었다. 그런데 '좌완 홈런 투수' 역시 필사적으로 뛰었다. 포수는 홈에서 이미 완벽하게 공 받을 채비를 다해 놓고 날아오는 공을 기다렸는데 '좌완 홈런 투수'가 홈으로 슬라이딩해 들어옴과 동시에 포수가 볼을 잡았다가 놓치고 말았다. 그 때문에 두 팀 간에 어떻게 판정해야 하는지를 놓고 언쟁이 벌어져 급기야는 난투극을 벌이던 중 누군가가 '좌완 홈런 투수'의 머리를 방망이로 내리쳤고 불행히도 그는 그 사건으로

시도하지 않으면 아무것도 할 수 없다

영구히 청각을 잃어버렸다. 원래 그의 꿈은 사관학교에 입학하는 것이었으나 청각을 잃게 돼 어쩔 수 없이 그 꿈을 접어야만 했지만, 자신의 열정만은 그냥 방치하지 않았다. 자신의 모든 에너지를 사업 쪽으로 전환해 서른 살의 젊은 나이에 적지 않은 재산을 모으게 되었다. 그러고는 마침내 세계에서 내로라하는 갑부가 되었다. '좌완 홈런 투수'가 자신 자신에게 실망하지 않았을 리 없다. 그러나 그는 절망 속에서도 자신의 꿈과 열정을 접지 않았다. 기억하라! 어려운 상황을 맞은 뒤 당신의 행동은 당신의 삶을 바꿔 놓을 수 있는 계기가 될 수도 있다는 것을.

10. 당신은 언제 자신이 정상에 있다고 생각하는가?

"여러분 중에 가장 훌륭한 인물이 될 사람은 반드시 모든 사람의 종이 되어야만 한다."
는 사실을 안다면 당신은 이미 정상에 오른 것이다.

           골프광이라면 알코올 중독, 아내 폭행, 동료 부친 폭행 사건 등으로 수차례 구설수에 올라 재기가 불가능할 거라던 '필드의 반항아' 존 댈리가 1995년 브리티시 오픈 경기에서 우승했다는 사실을 알 것이다. 그러나 당시에 '칭송받지 못한 영웅들'이 있었다는 것을 기억하는 사람은 거의 없다. 코레이 파빈, 브래드 팩슨, 밥 에스테스, 마크 브룩스, 그리고 한 명의 캐디가 바로 그들이다. 캐디를 제외한 네 명은 당시 경기에 출전했던 선수들이다. 그들은 모두 함께 경기를 펼쳤으나 연장전에는 출전하지 못한 선수들이었다. 그 캐디와 네 명의 선수는 모두 존 댈리에게 격려를 해주고 그에게 자신감을 심어 주었다. 특히, 그의 캐디는 만만찮은 그린의 특성을 제대로 읽을 수 있도록 많은 도움을 주었다. 또한 그들은 하나같이 존 댈리가 그날따라 유난히 좋은 게임을 펼쳤다는 사실을 계속해서 상기시켜 주었다. 이 정도면 존 댈리가 1995년도 브리티시 오픈에서 우승하게 된 배경을 짐작할 수 있다. 존 댈리는 그 경기에서 우승함으로써 상금과 영예를 한꺼번에 품에 안게 되었다. 어떤 일을 하는 데에 누군가의 격려는 무척 중요한 역할을 한다. 격려는 대단히 중요한 원동력이 되어 놀라운 변화와 발전을 가져온다. 존 댈리는 승리에 관한 자신감이 있었다. 그리고 코레이 파빈, 브래드 팩슨, 마크 브룩스, 밥 에스테스, 캐디 또한 그에게 자신감을 불어넣어 주었다. 그래서 그는 승리했다. 사람의 위치는 그가 몇 명의 종을 거느리느냐가 아니라, 그가 섬기는 사람이 몇 명이나 되느냐에 따라 결정된다.

11. 당신은 언제 자신이 정상에 있다고 생각하는가?

당신 자신은 이미 많은 사람들에게서 은혜를 입고 있다고 생각하고,
시무룩해 있는 사람에게 기쁨을 나눠 주고, 무례한 사람에게 공손히 대하고,
곤궁한 사람에게 너그럽게 대한다면 당신은 이미 정상에 있는 것이다.

로베르타 리치는 허름한 모퉁이 집에서 혼자 사는 '심술궂은' 한 백발노인의 이야기를 나에게 들려 준 적이 있다. '심술궂은' 노인과 같은 마을에 살던 티미는 무척이나 자전거를 갖고 싶어 했는데 자전거를 살 돈이 없었다. 그는 어떻게 해서든 자전거 살 돈을 마련해야겠다고 결심했다. 그는 폐지를 모아 팔아서 돈을 벌 생각으로 이집 저집 다니면서 신문지를 모으기 시작했으나 그 '심술궂은 노인' 집만큼은 절대 들르지 않았다. 어느 날, 티미가 손수레를 끌고 골목을 지나가는데 바로 그 '심술궂은' 노인이 사는 집 차고 안에 가지런히 묶여 거의 천장까지 쌓인 신문지 다발이 눈에 띄었다. '아니! 저걸 왜 그냥 저렇게 놔두었을까?' 다음날, 티미는 아침 일찍 일어나서는 용기를 내어 그 집으로 가서 초인종을 눌렀다. 놀랍게도 노인은 티미를 집 안으로 들어

시도하지 않으면 아무것도 할 수 없다

오라고 했다. 그러고는 그 신문지 다발에 관심을 보인 이유를 물었다. 티미는 머뭇거리며 자초지종을 설명했다. 그러자 그 노인은 빙그레 웃었다. "자전거 때문이라고? 으음, 자전거 때문이라. 그렇다면 그것들은 한마디로 자전거 신문지겠군. 그런데 말이야, 내가 요즘 관절염이 심해서 좀 상태가 좋질 않단다. 그러니 난 그 자전거를 탈 수가 없지. 음, 네가 신문을 모두 가져가렴." 세상을 살아가면서 누군가를 섣불리 판단하지 마라. 아마도 인생을 살아가다 보면 '심술궂은' 일이 있을 수 있지만, '심술궂은' 인생에 때로는 좋은 시절도 있다. 그 좋은 시절을 누리려면 친절과 관심이 필요하다. '심술궂은 사람'에게 그들이 필요로 하는 친절과 관심을 베풀어 봐라. 그러면 당신은 분명 인생의 선두주자가 될 것이다.

12. 당신은 언제 자신이 정상에 있다고 생각하는가?

신의 영광과 인류의 축복을 위해 신이 주신 육체적 능력, 정신적 능력,
그리고 영적인 능력을 인정하고, 고백하고, 발전시키고, 이용하고 있다면 당신은
이미 정상에 있는 것이다.

대부분의 사람들은 냇 '킹' 콜과 윌 로

저스란 이름을 익히 알고 있을 것이다. 사실 냇 '킹' 콜은 가수가 아닌 피

아노 연주자로 무대에 서기 시작했다. 그런데 샌프란시스코에서의 어느

날 밤, 같이 무대에 서기로 한 가수가 그만 인후염에 걸려 노래를 못하게

되는 일이 일어나자 그 클럽 주인은 노래하는 사람이 나타나지 않으면 모

두에게 돈을 주지 않겠다고 말했다. 그런 사연과 더불어 바로 그날 밤 냇

'킹' 콜은 뜻하지 않게 가수가 된 것이다. 윌 로저스는 천재적인 카우보이

였다. 환상적으로 로프를 잘 다뤘다. 그는 나이트클럽에 출연하던 처음 5

년 동안 뛰어난 로프 다루기 묘기를 보였다. 어느 날 밤, 한 관객이 큰 소

리로 그에게 질문을 던졌고 그에 관한 로저스의 대답이 뜻하지 않게 관

객들의 웃음보를 터뜨렸다. 그때부터 윌 로저스는 코미디언의 길을 걷게

시도하지 않으면 아무것도 할 수 없다

되었다. 누구에게나 어떤 식으로든 기회가 찾아오기 마련이다. 그 기회를 얼마만큼 잘 포착하느냐가 가장 중요하다. 바로 그 두 사람처럼 자기 안에 숨겨진 재능을 포착해서 그것을 잘 발전시킨다면 그것은 더할 나위 없이 행복한 일일 것이다. 한 개인의 능력은 숨겨진 채 활용하지 못하는 경우가 더 많다. 자신의 능력을 과소평가하지 마라. 누구나 성공할 수 있는 잠재력이 있으며, 아름다운 꽃을 피울 씨앗을 자기 내부에 간직하고 있다. 커다란 웃음을 자아낼 수 있는 재능과 멋진 노래를 부를 수 있는 능력이 바로 당신 안에 있다. 아니, 설사 노래를 멋들어지게 부를 수 있는 재능이 없더라도 당신은 그 노래의 가락이나 노랫말은 가지고 있다.

13. 당신은 언제 자신이 정상에 있다고 생각하는가?

당신에게 "잘 했도다, 착하고 충성된 종아!"라고 말하는 이 우주의 창조주 앞에 서 있을 때
당신은 이미 정상에 있는 것이다.

미국 골프계의 대부인 하비 페닉은 인생의 말년에 성공과 명예가 찾아와 수많은 사람에게서 인정을 받는 영광을 누린 인물이다. 그는 1920년대에 다시 일을 시작하면서 붉은색 노트를 한 권 마련했다. 그러고는 골프 경기와 그 경기에 출전한 선수들을 면밀하게 관찰을 해 그 노트에 메모하기 시작했다고 한다. 그러기를 한 평생, 마침내 그에게 기회가 찾아왔다. 그가 수십 년 동안 기록한 노트를 한 작가에게 보이게 된 것이다. 하비 페닉은 그 작가에게 자신의 노트가 한 권의 책으로 묶어 출간할 만한 가치가 있는지를 물었다. 그 작가는 하비 페닉의 노트를 미국의 대표 출판사 중의 하나인 사이먼 앤 슈스터 사에 보였다. 마침내 그 출판사는 하비 페닉의 부인에게 그 노트를 책으로 출간하겠다는 의사를 전달하기에 이르렀다. 그것도 계약금을 9만 달러

시도하지 않으면 아무것도 할 수 없다

로 하겠다는 말과 함께. 다음날, 작가가 하비 페닉을 만나 다시 그 이야기를 하게 되었다. 하비 페닉은 무척이나 난감해 하는 표정을 지으며 자기가 보관하던 진료비 청구서들을 그 작가 앞에 내밀면서 말하기를, 자신은 출판사 측에 도저히 9만 달러를 낼 여력이 없다는 것이다. 하비 페닉은 출판사가 계약금으로 9만 달러를 지불하겠다고 한 것을 오히려 자기가 출판사에 그 돈을 내는 것으로 착각했다. 돈과 관련된 문제를 떠나서, 한 사람의 능력이 인정받는다는 것은 참으로 흥분되는 일이다. 또한 출판사가 원고에 관한 인세로 적잖은 액수의 돈을 지불하겠다는 것을 믿지 못하고 그처럼 겸손하고 순수한 마음을 보였다는 것도 참으로 놀라운 일이다. 하비 페닉의 책은 출간되어 1백만 부 이상이 팔리는 초대형 베스트셀러(하비 페닉의 빨갛고 작은 책)가 되었다. 모든 걸 접어놓고서라도, 하비 페닉은 그야말로 순수하고 겸손한 마음을 지닌 우리의 스승이었다. 우리 모두는 분명 하비 페닉의 일화를 접하고서 무엇을 간직하고, 무엇을 개발해야 할지를 생각해 봐야 하지 않겠는가?

도전과 실패는 정상으로 가는 지름길이다

산에 오르려면 산을 봐야 하고, 강을 건너려면 강을 봐야 한다. 산을 보지 않고서는 산에 오를 수 없으며, 강을 보지 않고서는 강을 건널 수 없다. 산이 깊으면 정상이 높고, 강이 넓으면 수심이 깊다. 계곡을 넘지 않으면 정상에 오를 수 없으며, 수심 깊은 물을 지나지 않고서는 강을 건널 수 없다. 언제나 우리는 높은 산을 바라보며 세상을 살아가고, 깊은 물을 바라보며 인생을 살아간다. 그리고 우리는 높은 산에 오르는 방법을 알고 있고, 깊은 물을 건너는 방법을 알고 있다. 다만, 깊은 계곡이 싫어 산을 오르려 하지 않는 것이고, 깊은 물이 두려워 강을 건너려 하지 않을 뿐이다. 그러면서도 우리는 산이 높다 한탄하고 물이 깊다 탄식한다. 정상에 오르기 위해 혹은 강과 바다를 건너기 위해 험난한 계곡과 사나운 물살을 지나는 것은 당연한 이치가 아닌가. 그런데 정상을 꿈꾸면서, 그리고 인생에서 성공을 기대하면서 어째서 험한 산과 물을 두려워한단 말인가? 그리고 어째서 실패를 두려워한단 말인가? 더군다나 시도조차

해보지 않고서, 그리고 최선 또한 다하지 않고서.

나는 이 책을 우리말로 옮기면서 많은 반성을 했다. 그리고 많은 용기를 얻었다. 그리고 생각했다. 앞으로도 나에겐 많은 어려움이 있을 거라는 사실을. 뿐만 아니라 정상이 나를 기다리고 있을 것을. 이 책의 저자 지그 지글러는 더 나은 삶을 위한 '동기부여가(Motivator)'로서, 오그 만디노와 함께 이미 세계적으로 정평이 나 있는 인물이다. 지글러는 자타가 공인하는 정상의 인물임이 틀림없다. 적어도 그는 '수신제가(修身齊家)'를 했으며 '동기부여'란 분야에 있어서는 '치국평천하(治國平天下)'를 했다. 지글러는 그런 자신이 '정상으로 가는 길'에서 보고, 듣고, 배우고, 느낀 여러 가지 이야기들을 이 책에 소개하고 있다. 이 책은 그가 이전에 발표해서 수많은 독자들에게 사랑을 받았던 〈정상에서 만납시다〉와 〈정상으로 가는 길〉에 이은 완결판이라는 생각이 든다.

평범한 삶을 살아가는 본 역자가 이 책을 옮기면서 많은 지혜와 용기를 얻은 것처럼 다른 독자들 또한 그러리라 확신한다. 지금 이 순간에 지그 지글러의 말이 하나 떠오른다. "정상에는 늘 자리가 많이 있습니다. 그러나 그 자리에 앉기까지는 아주 비좁은 길을 통과해야만 한다."라는 말이.

역자 이구용

Attempt list
나의 시도리스트